natürlich oekom!

Mit diesem Buch halten Sie ein echtes Stück Nachhaltigkeit in den Händen. Durch Ihren Kauf unterstützen Sie eine Produktion mit hohen ökologischen Ansprüchen:

- 100 % Recyclingpapier
- Verzicht auf Plastikfolie
- Kompensation aller CO_2-Emissionen
- kurze Transportwege – in Deutschland gedruckt

Weitere Informationen unter www.natürlich-oekom.de und #natürlichoekom

natürlich oekom · nachhaltig seit 1989

Bibliografische Information der Deutschen Nationalbibliothek:
Die Deutsche Nationalbibliothek verzeichnet diese Publikation in der Deutschen Nationalbibliografie; detaillierte bibliografische Daten sind im Internet über www.dnb.de abrufbar.

oekom – Gesellschaft für ökologische Kommunikation mbH
Goethestraße 28, 80336 München

Layout und Satz: Werner Schneider
Korrektur: Maike Specht
Umschlaggestaltung: Laura Denke, oekom verlag
Umschlagabbildung: © Olga/Adobe Stock
Druck: Esser printSolutions GmbH, Ergolding

ISBN: 978-3-98726-072-8
https://doi.org/10.14512/9783987263026

FSC www.fsc.org RECYCLED Papier aus Recyclingmaterial FSC® C011862

Heike Knüpfer

Weniger Plastik, mehr Zukunft

Aufbruch zu einem nachhaltigen Leben

oekom

Inhaltsverzeichnis

Vorwort

Lange Zeit habe ich mir über Müll oder speziell Plastikmüll keine Gedanken gemacht. Ich habe mit Verpackung eingekauft und dachte an nichts Schlimmes. Die Mülltrennung wird schon funktionieren, ich tue etwas für die Umwelt, wenn ich den Müll sauber und penibel trenne.

Irgendwann veränderte sich der Blick. Seit diesem Zeitpunkt schaue ich die Welt mit anderen Augen an. In diese sich verändernde Zeit fiel unser Familienexperiment, vier Wochen ohne Plastikverpackung einzukaufen. Mein Sohn hat darüber eine Arbeit für die Schule geschrieben. Viel Lesen und viel Nachdenken folgten. Welche Konsequenzen hatte dies alles für uns? Aus dem kleinen Familienkosmos heraus entstanden weitreichende Fragen mit möglichen Konsequenzen für unsere Zukunft.

Das Buch ist in drei Kapitel gegliedert. Das erste Kapitel beschäftigt sich mit der im Allgemeinen vielerorts verdrängten – weil unangenehmen – und externalisierten Seite von Müll, speziell Plastik. Wie ist eigentlich die Lage? Kein Grund zur Beunruhigung, oder etwa doch?

Die nächsten beiden Kapitel stellen zwei Anregungen vor, die aus meiner Sicht helfen könnten, sich der Müllproblematik zu nähern. Konkret wird zum einen das Zero-Waste-Sujet inhaltlich als erste Anregung in Kapitel 2 vorgestellt sowie ein aus eigener Erfahrung abgeleiteter und gesammelter, zur Nachahmung geeigneter Handlungsvorschlag zu doch recht dramatischer Müllreduktion angeboten.

Die zweite Anregung in Kapitel 3 beschäftigt sich mit Wirtschaftswachstum. Denn Müll ist offenbar ein Korrelat des »Immer mehr«. Verschiedene Autoren und Autorinnen sowohl mit einer kritischen Haltung gegenüber Wachstum als auch mit einer wachstumsbefürwortenden Einstellung werden vorgestellt und die entsprechenden Standpunkte erläutert.

Auch wenn das dritte Kapitel keinen Anspruch auf Vollständigkeit erhebt, so wird doch deutlich, dass sich diese Pole scheinbar unversöhnlich gegenüberstehen und wir uns als mehr oder weniger konsumierende Menschen in einem Dilemma befinden. Müssten diese Themen nicht viel breiter diskutiert werden? Gibt es dafür Lösungen? Als Vorschlag könnte hier der süße *Donut* von Frau Raworth genannt werden.

Die persönliche Motivation, dieses Buch zu schreiben, bestand darin, das erworbene Wissen und die dabei entstandenen Gedanken schriftlich zu fixieren und für eine diesbezüglich interessierte Leserschaft zur Verfügung zu stellen. Insbesondere stellt es ein Zeitdokument dar, welches innerhalb unseres Familienlebens entstand. Es ist auch für unsere Söhne gedacht, um die elterliche Sicht und Gedankenwelt in der entsprechenden Zeitspanne und darüber hinaus während der letzten Jahre bis zum heutigen Tag zu reflektieren und vor allem schriftlich zu dokumentieren.

Vielleicht schauen wir in fünf oder zehn Jahren mit einem Lächeln auf den Lippen zurück auf diese Zeilen, weil sich die hier skizzierten riesigen Probleme und Fragestellungen in Wohlgefallen aufgelöst haben. Dies möge bitte so geschehen.

Oktober 2023

Heike Knüpfer

Einleitung

Plastik in Gewässern

Überall begegnet uns Plastik im Alltag. Die Gurken im Supermarkt sind in Folie eingeschweißt. Die neu gekaufte Getränkeflasche, die jeden Tag in den Schulranzen gepackt wird, wird nach der Entleerung über den Schredder bei Aldi oder Lidl entsorgt. Wir haben uns schon daran gewöhnt, dass selbst unser Toilettenpapier nochmals in Folie eingeschweißt ist. Die gelbe Tonne ist eigentlich immer gut gefüllt. Beim Einkaufen in der Stadt hat man gerne die angebotene Plastiktüte genommen, weil der mitgeführte Rucksack dann doch wohl zu klein war. Beim Obsthändler greift man automatisch nach den dünnwandigen Hemdchenplastiktüten, um das Obst und Gemüse wiegen zu lassen. Manchmal beschleicht uns ein Gefühl von Unwohlsein oder schlechtem Gewissen, das wird dann aber ganz schnell beiseitegeschoben. Ähnlich sieht es auch der deutsche Schriftsteller Frank Schätzing, bekannt durch seinen 2004 erschienenen und viel gelesenen Roman *Der Schwarm*. Er äußert sich in seinem aktuellen Buch *Was, wenn wir einfach die Welt retten? Handeln in der Klimakrise* zum Thema Plastikmüll so: »Plastik bringt wie kaum etwas die Schlampe in uns zum Vorschein. Es bittet geradezu darum, am Strand und auf der Wiese liegen gelassen zu werden, und den Gefallen tun wir ihm allzu gern.«[1] Das scheint wohl nicht ganz unrichtig zu sein.

Üblicherweise sehen wir es so: Wegwerfverpackungen sind eigentlich normal. Und sie sind überall. Sie sind sauber. Und sie sind ja so bequem.

Irgendwann änderte sich die Sichtweise auf unseren Plastikmüll bei uns.

Alles fing an, als wir in den Sommerferien 2014 nach Dänemark fuhren. Unterwegs machten wir einen Abstecher zur Seehundstation Friedrichskoog. Dort werden Heuler, die von dem Muttertier getrennt wurden oder verwaist sind, mit viel Liebe und Aufwand aufgezogen. Wenn sie nach einigen Monaten mindestens 25 Kilogramm wiegen und selbstständig Fische jagen können, werden sie wieder in die Freiheit entlassen. Die Seehundstation bietet Wissenswertes rund um das Thema Wattenmeer und die entsprechend beheimatete Tierwelt an. Als wir dort Station machten, gab es eine kleine Ausstellung zum Thema Plastikverschmutzung. Dabei konnten wir sehen, welche und vor allem wie viele Plastikfragmente in Mägen von Eissturmvögeln und anderen tot aufgefundenen Tieren detektiert wurden. Das war unser erster Kontakt mit der Problematik *Plastikmüll im Meer*. Das war jetzt vor mehreren Jahren.

Ja, man kann anfangen nachzulesen. Dabei wird man schwarz auf weiß auf Fakten aufmerksam, die nachdenklich machen und die die kleine Ausstellung in Friedrichskoog bestätigen. In der Tat: Wie das Umweltbundesamt in seiner Veröffentlichung *Fakten Meeresmüll deutsche Nord- und Ostsee* darstellt, nimmt die Verschmutzung mit Plastikmüll an und in der deutschen Ost- und Nordsee zu. So finden sich beispielsweise 389 Müllteile pro 100 Meter Strandabschnitt an der südlichen Nordsee, wobei fast 90 Prozent davon aus Plastik sind. Auch am Meeresboden der südlichen Nordsee gibt es Müll: Es konnten pro Quadratkilometer durchschnittlich elf Kilogramm Müll, der hauptsächlich aus Kunststoffen besteht, detektiert werden. In den Mägen fast aller tot aufgefundenen Eissturmvögel findet sich Plastikmaterial. 97 Prozent der Nester der Basstölpel auf Helgoland enthalten Kunststoffmaterialien. Dadurch erhöht sich infolge von beispielsweise Hängenbleiben oder gar Strangulieren die Sterblichkeit dieser Vögel um das Zwei- bis Fünffache.[2] Todesursache Plastik. Bis zum Jahr 2050 wird fast jeder Meeresvogel Plastikteile im Magen haben.[3] Wussten Sie das?

Nicht nur die großen Plastikteile, auch das Mikroplastik wird zum Problem. Davon gelangt einiges an Material in unsere Meere. Als Transportweg für den Plastikmüll in die Meere können die Flüsse angesehen werden. So haben Forscher und Forscherinnen aus der Schweiz und Kanada den Rhein auf Mikroplastikfragmente hin untersucht. Dabei stellten sie eine beachtliche Verschmutzung des Gewässers fest. Die Forschungsgruppe schätzt die tägliche Fracht, die der Rhein in die Nordsee spült, auf eine Menge von 191,6 Millionen Mikroplastikpartikel.[4] Mikroplastik findet man nicht nur in Flüssen, sondern auch bei uns zu Hause. Wussten Sie, dass auch in unserem Trinkwasser Mikroplastik ist?[5] Als erschreckend empfanden wir die Mitteilung in der *Tagesschau*, dass sich Mikroplastik mittlerweile auch an ganz entlegenen und gänzlich unberührten Orten wie der Antarktis finden lässt.[6] Eine Greenpeace-Forschungsgruppe unternahm Anfang 2018 eine Expedition in verschiedene Regionen der Antarktis und fand in Wasserproben tatsächlich Mikroplastikfragmente aus Polypropylen und Polyethylen. Beide Kunststoffe werden häufig verwendet, »insbesondere als Einwegplastik«.[7]

Und wenn wir gerade bei ganz entlegenen Orten der Welt sind, die mit Plastik kontaminiert sind, hier noch eine kleine Ergänzung: Wussten Sie, dass wir am Grunde des Marianengrabens im westlichen Pazifischen Ozean eine Plastiktüte in 11 000 Meter Meerestiefe finden?[8]

Es sollte nicht unerwähnt bleiben, dass die mittlerweile fünf großen Plastikteppiche in den Ozeanen gut beschrieben sind. In der Fachzeitschrift *Scientific Reports* ist ein Artikel erschienen, der den Great Pacific Garbage Patch zwischen Kalifornien und Hawaii beschreibt. Dieser Plastikozean besteht aus mindestens 79 000 Tonnen Plastikmüll in einem Gebiet von 1,6 Millionen Quadratkilometern, was ungefähr der vierfachen Größe Deutschlands entspricht. Mindestens 46 Prozent des Mülls sind Fischernetze. Mehr als drei Viertel des Abfalls bestehen aus Partikeln, die größer als fünf Zentimeter sind. Mikroplastik macht acht Prozent der Masse aus. Die meisten Plastikteilchen stammten dabei aus Japan und China. Die Autoren und Autorinnen dieser Studie kommen zu dem

Schluss, dass die Verschmutzung innerhalb dieses Patches exponentiell zunimmt.[9]

Was wurde denn – jedenfalls für uns als Verbraucher und Verbraucherinnen sichtbar – in der Zwischenzeit als Gegensteuerung getan?

Im Jahre 2016 wurden die Plastiktüten in vielen Geschäften kostenpflichtig. Die damalige Bundesumweltministerin Barbara Hendricks wollte damit den Verbrauch der Tüten senken und das Umweltbewusstsein stärken. Sie äußerte: »Plastiktüten sind oft überflüssig.«[10] Dazu gab es eine Vereinbarung zwischen dem Handelsverband Deutschland und dem Bundesumweltministerium, in den darauffolgenden zehn Jahren den Verbrauch an Plastiktüten um knapp die Hälfte zu senken. Das politisch gewollte Verbannen der Plastiktüten fanden wir richtig gut, unser Vorrat an Plastiktüten nahm mit der Zeit beachtlich ab. Im gleichen Jahr eröffnete der Einfach-Unverpackt-Laden in Leipzig, nicht weit entfernt von uns. Hier gibt es Produkte ganz ohne Plastikverpackung zum Selberabfüllen in eigens mitgebrachte Gefäße, um der Plastikvermüllung den Kampf anzusagen.

Bei *Zeit Online* erschien im Oktober 2021 ein Artikel über die Organisation The Ocean Cleanup, wobei mittels eines Müllfängers als Netzkonstruktion 29 Tonnen Müll – das entspricht nach meinen Berechnungen gerade einmal ganzen 0,04 Prozent des Pazifikplastikteppichs – eingesammelt wurden. Dieser Abfall werde dann auf Schiffe verladen und im Anschluss recycelt. Die Menge des Plastikmülls solle damit alle fünf Jahre um die Hälfte abgebaut werden.[11] Immerhin ist dies schon mal ein Anfang, der Vermüllung der Ozeane entgegenzuwirken.

Aber reicht das? Müll aus dem Ozean mühevoll einsammeln, ein paar Wegwerfartikel verbieten und Lebensmittel lose einkaufen? Die Dimension ist ja doch recht groß. Wie groß ist denn die Plastikproblematik?

Ich habe deshalb publizierte Fakten zu verschiedenen Aspekten zusammengetragen, die das Plastikproblem, welches sich im

Meer sehr eindrücklich zeigt, aus unterschiedlichen Blickwinkeln beleuchten. Die Erkenntnisse sind erschütternd. Sie sind im ersten Kapitel des Buches dargestellt.

Kapitel 1

Plastikmüll und noch mehr Abfall

Wie ist die Lage? Warum finden wir so viele Schäden in der Umwelt, ausgelöst durch Plastik? Dazu möchte ich drei Probleme schildern, die in der Regel wenig bekannt zu sein scheinen.

Erstes Problem: Der Verpackungsverbrauch steigt

Ich sehe unseren Müll zu Hause. Wir haben viel Wegwerfmüll. Um den Blickwinkel über den eigenen Hausmüll hinweg ein bisschen zu erweitern, versuche ich hier, eine Aufzählung zu machen, wo überall Wegwerfplastik anfällt. Die Liste ist sicher nicht vollständig. Üblicherweise denkt man nicht darüber nach. Fangen wir an. In Deutschland gibt es ungefähr 40 Millionen Haushalte. Aber nicht nur in den Privathaushalten entsteht Plastik- oder Wegwerfmüll, ebenso natürlich in Restaurants, beim Eventcatering, in Mensen und Kantinen, in Krankenhäusern und Pflegeheimen, in den Schulen und Kindertagesstätten, in den Vergnügungsparks, in Cafés, Hotels und Pensionen, bei Fluggesellschaften, in Zügen, in Bistros, in den Imbissbuden, auf Weihnachts- und Mittelaltermärkten, in Schnellrestaurants, auf Kreuzfahrtschiffen, an Tankstellen, in Früh- und Spätverkaufsstellen, auf Campingplätzen und an vielen anderen Orten. Hinzu kommt noch eine weitere Müllquelle: die vielen in Plastik eingepackten Lebensmittel, die vom Supermarkt weggeworfen werden.

Ein Coffee-to-go-Becher mit Pfand oder als Mehrwegvariante ist schon mal ein kleiner Anfang, aber auch nicht mehr als ein Tropfen auf den heißen Stein. Hinzu kommt noch der medizinische Bereich, der aufgrund der Hygiene riesige Mengen an Wegwerfplastik – notwendigerweise – produziert. Einmalhandschuhe, Spritzen, Schutzkleidung und Behältnisse für Infusionen sind aus Plastik. Allein durch die Pandemie wurden weltweit Unmengen an Wegwerfplastikmaterial zusätzlich produziert und zusätzlich entsorgt, was den ohnehin schon vorhandenen ökologischen Druck auf die Ozeane und Küstenregionen noch mal erhöht.[12] Ich selber habe jahrelang als Wissenschaftlerin im Labor gearbeitet und weiß um die tagtägliche Müllmenge, die allein beim sterilen Arbeiten, bei Versuchsreihen und Experimenten entsteht und nach Gebrauch weggeworfen wird.

Auch beim Transport von Produkten entsteht weiteres Wegwerfplastik, ich meine hier die Stretchfolie, die die Produkte während des Transports am Herunterfallen von der Palette hindert. Weiter geht es mit Büchern, die in Plastik eingeschweißt angeboten werden, abonnierte Zeitschriften und Werbematerial kommen häufig in einer dünnen Plastikfolie. Schnittblumen haben eine Plastikhülle. Kleidung aus der Reinigung wird mit einer Plastikummantelung vor erneuter Verschmutzung geschützt. Vegetarische Fleischersatzprodukte wie beispielsweise Würstchen und Aufschnitt sind immer nur mit Plastikverpackung zu bekommen.

Die Spielebranche ist ebenso nicht frei von Wegwerf-Plastikverpackungen, denn Bau- und Spielsteine für Brettspiele sind in Plastiktüten eingepackt, die dann gleich beim ersten Spielen entsorgt werden.

Neben den Produkten für uns Menschen dürfen wir die verpackungsintensive Versorgung unserer Haustiere nicht vergessen. Laut der Internetseite statista.com gibt es in Deutschland aktuell 34,4 Millionen Haustiere, davon knapp 15,2 Millionen Katzen.[13] All diese Gefährten werden in der Regel mit in Wegwerfplastik eingeschweißten Nahrungsmitteln versorgt. Auch sie brauchen gelegentlich medizinische Versorgung mit Wegwerfartikeln. Neben den Haustieren sind zusätzlich die vielen Milliarden Nutztiere nicht zu vergessen, die ebenfalls versorgt werden müssen.

Weitere Beispiele: Beim Gemüseanbau kommt Folie zum Einsatz. Stroh- oder Heuballen werden zunehmend häufiger mit Plastikfolie ummantelt. Auch im professionellen und alltäglichen Handwerk fällt eine nicht unerhebliche Menge an Wegwerfmüll an. Baumärkte bieten viele Artikel in Plastik eingeschweißt an, andere Güter wie Blumenerde, Filzgleiter, Malerfarbe und viele weitere Produkte sind ebenfalls mit Plastik ummantelt.

Wussten Sie, dass mehr als 40 Prozent aller Kunststoffe nur ein Mal verwendet und dann weggeworfen werden?[14]

Wahrscheinlich lassen sich noch sehr viel mehr Beispiele finden. An Wegwerfplastik mangelt es also wahrlich nicht. Noch mehr Verpackungsmüll brauchen wir nicht, oder?

Die Nachricht dazu lautet jedoch: Der Verpackungsverbrauch steigt trotzdem weiter. Obwohl jeder die umweltschädliche Problematik von Verpackungsmüll kennt – sowohl Politik, Wirtschaft als auch die Konsumentenschaft, müssen wir einen steigenden Verbrauch konstatieren. Das Umweltbundesamt hat 2022 in seinem Abschlussbericht folgende Zahlen publiziert: Der gesamte Verpackungsverbrauch in Deutschland stieg 2020 gegenüber 2010 um 17,3 Prozent, wobei alle Materialien (Aluminium, Holz, Glas, Papier, Kunststoff, Weißblech, Feinblech und sonstige) einbezogen wurden. Betrachtet man nur die Rubrik Kunststoffe, so sehen wir in dieser zehnjährigen Zeitspanne eine Zunahme von 19,7 Prozent. Im privaten Bereich lag der Endverbrauch von Verpackungen im Jahre 2020 bei 8,73 Millionen Tonnen und ist von 2019 zu 2020 um 1,6 Prozent oder um 134 000 Tonnen gestiegen. Auch hier können wir ein 1,2-prozentiges Mehr an verbrauchten Kunststoffverpackungen verzeichnen. Der steigende Verbrauch von Kleinverpackungen, der zunehmende Außer-Haus-Verbrauch von Getränken und Nahrungsmitteln und die erhöhte Nachfrage von Convenience-Produkten werden als Faktoren für die Zunahme des Verbrauchs von

Verpackungen angeführt. Als »Trend« wird ebenso der verstärkte Distanzhandel genannt.[15]

Ein Artikel der Umweltjournalistin und Buchautorin Beth Gardiner vom Dezember 2019 gibt reichlich Anlass zum Nachdenken. Während sich die Öffentlichkeit Sorgen um die Plastikverschmutzung machte, würden fossile Konzerne und die petrochemische Industrie Milliarden von Dollar in neue Werksanlagen investieren, um noch weitere Millionen Tonnen Plastik herzustellen. Seit 2010 seien mehr als 200 Milliarden Dollar in Plastik- und andere chemische Projekte in den USA investiert worden, um den Rückgang der Nachfrage an fossilen Energieträgern entgegenzuwirken. Die Gründerin der Bewegung Beyond Plastics Judith Enck, die von Barack Obama zur Administratorin bei der US-Umweltschutzbehörde ernannt wurde, kommentiert dies sehr kritisch im Hinblick auf die Zukunft und wird in diesem Artikel mit folgenden Worten zitiert: »If even a quarter of these ethane cracking facilities are built, it's locking us into a plastic future that is going to be hard to recover from.«[16] Ähnliches wird auch in deutschsprachigen Publikationen erwähnt. Laut dem *Plastikatlas* von 2019, herausgegeben von der Heinrich-Böll-Stiftung und dem BUND (Bund für Umwelt und Naturschutz), plant die US-amerikanische Plastikindustrie, »ihre Produktion in den nächsten Jahren noch um 30 Prozent zu steigern«. Auch in Europa werden Milliarden investiert, um mit Frackinggas aus den USA die Plastikproduktion anzuheizen, was letztendlich mehr Plastikmüll für die Zukunft verspricht.[17] Laut einer im Dezember 2018 publizierten McKinsey-Analyse wird es im Jahre 2030, also in nicht mehr allzu ferner Zukunft, weltweit 80 Prozent mehr Plastikmüll als heute geben.[18]

Zweites Problem: Müll wird illegal deponiert oder exportiert

Mit Müll wird gehandelt, und mit Müll werden Geschäfte gemacht. Demzufolge wird Müll auch exportiert. 2018 hat China den Import von Plastikmüll gestoppt. Auch Deutschland schickte unsortierten Plastikmüll um die halbe Welt nach China und war von diesem Stopp betroffen. Bis dahin wussten wir als Familie gar nichts von Müllexporten nach China. Wir Deutschen trennen hier fleißig den Müll in der Annahme, der vorsortierte Müll werde dann hier recycelt und wiederverwendet. Offenbar war diese Annahme mehr als naiv. Es scheint so, dass das Stoppszenario für die Politik nicht unvorbereitet kam, denn zuvor war von der EU-Kommission vergeblich versucht worden, Übergangsfristen zu schaffen.[19] Wenn China unseren Müll nicht mehr nimmt, wer nimmt ihn dann jetzt? Offenbar zieht die Karawane weiter, beispielsweise nach Malaysia. Im August 2019 erschien bei der ARD in der Sendung *Weltspiegel* der Beitrag »Malaysia: Müllhalde für deutschen Plastikmüll«. Der Beitrag schildert unkontrolliertes Verbrennen des Plastikmülls, berichtet von schlechter Luft, gesundheitlichen Gefahren und illegalen Fabriken. Eine Umweltaktivistin spricht folgenden Aufruf in die Kamera: »Bitte, deutsche Freunde, sagt eurer Regierung, sie soll verbieten, dass euer Müll hierherkommen darf. Wir haben genug. Wir leben in einer kleinen Stadt. Wir haben hier keinen Platz für euren Müll.«[20] Nicht nur Malaysia bekommt deutschen Müll, auch andere asiatische Länder wie Vietnam, Indonesien, Indien und Hongkong. Die ARD-Sendung *Weltspiegel* vom 19.5.2019 berichtet von Müllexporten in die Türkei, wobei auch deutscher Müll erwähnt wird. 2018 seien 50000 Tonnen deutscher Plastikmüll von der Türkei abgenommen worden.[21] Die auf ein jüngeres Publikum zugeschnittene Dokumentation *Recycling-Mythen und illegale Plastik-Exporte, was ist dran?* aus dem Jahre 2019 zeigt die folgenschwere Problematik der legalen und auch illegalen Müllexporte der westlichen Welt nach Indonesien.[22] Die Schlussfolgerung kann nur lauten: Es kann nicht sein, dass unser exportierter Wohlstands-, Konsum- und Wegwerfmüll in ärmeren Ländern zusätzlich Probleme schafft und wir auf Kosten der müllimportierenden Länder leben, um hier ein schönes, sauberes Deutschland zu haben. Eine sachgemäße und umweltschonende Entsorgung des – wo auch immer – anfallenden Mülls, also ein Abfallmanagement mit Standards auf der ganzen Welt, ist absolut notwendig, um sowohl die Gesundheit als auch die Umwelt zu schützen. Technische und rechtliche Fragen müssen geklärt werden, nicht zu vergessen die Abfallsammler und -sammlerinnen, die ihren Lebensunterhalt unter diesen unwürdigen Bedingungen verdienen. Es müssen dringend Lösungen für unser riesiges Abfallproblem gefunden werden.

China hat die Müllproblematik offenbar erkannt. Die asiatischen Länder fangen an, sich gegen die Flut von Müll zu wehren. So schickten beispielsweise die Philippinen falsch deklarierten Plastikmüll nach Kanada zurück.[23] Ebenso weigert sich Indonesien, verunreinigten und unsortierten Abfall aus verschiedenen Ländern, unter anderem auch aus Deutschland, abzunehmen, und schickt ihn wieder zurück.[24]

Zu befürchten ist, dass als nächster Kontinent Afrika als Müllhalde für Plastikmüll, zumindest aus den USA, herhalten soll. Die *New York Times* schrieb im August 2020 folgende klare Schlagzeile: »Big Oil Is in Trouble. Its Plan: Flood Africa With Plastic«. Zwei Pläne werden offenbar verfolgt. Zum einen soll ein neuer Absatzmarkt in Afrika für Plastik- und Chemieprodukte aufgetan werden, wobei Kenia als Drehscheibe fungieren könnte, und gleichzeitig soll ein neuer Plastikmüllabnehmer gefunden werden.[25] In der Vergangenheit hat sich die Lobbyorganisation der nordamerikanischen chemischen Industrie, der American Chemistry Council, dem Firmen wie Shell, Exxon, Total, DuPont und Dow angehören, bei der Regierung der USA dafür eingesetzt, die strikte Plastikvermeidungs-Gesetzgebung in Kenia zu bekämpfen. Umweltschützer befürchten, dass Kenia eine Mülldeponie für Plastikabfall werden könnte.[26]

Müllexporte nach Asien und in andere Länder mit unklarem Verbleib des Abfalls und vermutlich dramatischen Auswirkungen für Mensch und Umwelt sind erschreckend. Wie sieht es denn eigentlich in unserem eigenen Land mit der Müllentsorgung aus? Wir wähnen uns doch in Sicherheit, die Batterien werden den Vorschriften gemäß bei den entsprechenden Entsorgungsstellen abgegeben, der Müll aus der gelben oder schwarzen Tonne wird von den Müllfirmen abgeholt, sortiert und dann der thermischen Verwertung oder einem Recyclingunternehmen zugeführt. So denkt man. Der Journalist Michael Billig deckt illegale Mülltransporte auf. 2019 erschien sein Buch *Schwarz. Rot. Müll. Die schmutzigen Deals der deutschen Müllmafia.* Das Buch liest sich wie ein sehr unappetitlicher Krimi, es geht um große Geldgeschäfte, es geht um bewusstes Täuschen, Behörden schauen weg, Kontrollen gibt es zu wenig. Michael Billig spricht von einer »Parallelwelt«, von »Müllmafia«, von »illegalen Mülldeponien« in Deutschland, wo Müll vor sich hin rottet, unkalkulierbaren Gefahren für Mensch und Umwelt. »Weniger Abfall produzieren – das wäre wohl das effektivste Mittel im Kampf gegen die deutsche Müllmafia. Den Dealern ihren Stoff wegnehmen. Ihre sprudelnden Geldquellen trockenlegen«, so empört äußert sich Michael Billig.[27] Auf der Internetseite Muellparadies.de veröffentlicht Michael Billig eine Karte von illegalen Mülldeponien allein in Brandenburg. Nach seinen Recherchen gibt es zurzeit 126 illegale Deponien, immer noch kommen weitere dazu. Auf dieser Internetseite findet man folgenden Passus: »Weil niemand so viel Geld bezahlen will, modert der Dreck bis heute vor sich hin. Alte Reifen, Bauschutt, Klärschlamm, Asbest, Krankenhausmüll, Plastikreste und andere Abfälle verschmutzen weiter die Umwelt. Immer wieder kam und kommt es auch zu Bränden auf den illegalen Deponien.«[28] Sehr interessant und nicht minder erschreckend ist sein Blog Muellrausch.de – Recherchen im Dreck.[29] Ich empfehle die Lektüre.

Schaut man über die Landesgrenze hinaus, sieht es auch nicht besser aus: »Polen wird zur Müllhalde Europas«, so heißt der Titel eines Beitrags des *Deutschlandfunks* vom September 2020. Tausende Tonnen von falsch deklariertem Müll gehen über die Grenze nach Polen und werden dort »entsorgt«. Auch deutscher Müll ist mit 70 Prozent dabei, und es wird jedes Jahr mehr, was von Deutschland als Müll nach Polen gebracht wird. Auch hier Abfall-

wirtschaftskriminalität, und die Brände der Deponien mit giftigen Gasen häufen sich.[30]
Der Sender *3sat* hat am 3. 3. 2022 innerhalb des Themengebietes Grenzen des Wachstums die Dokumentation *Gefährlicher Müll – verborgene Deponien der Gemeinden* ausgestrahlt. Hier wird von sogenannten Bürgermeisterdeponien berichtet, von denen es circa 100 000 in Deutschland geben soll. Bis in die 1970er-Jahre hinein wurden von der Gemeinde als geeignet befundene Flächen als Mülldeponien genutzt für Hausmüll, Bauschutt, Möbel, Autoreifen, Elektrogeräte, mit Erde zugedeckt und dann zum Teil vergessen. Problematisch dabei sind die entweichenden Deponiegase wie Methan und Kohlenmonoxid, die Schwermetalle im Sickerwasser, das Absinken des Bodens oder, falls die Fläche landwirtschaftlich als Acker genutzt wird, das Wiederauftauchen des durch das Pflügen nach oben gekehrten Mülls. Die Umweltbehörden seien bis auf unabsehbare Zeit mit diesen Bürgermeisterdeponien und deren Gefahren beziehungsweise deren Beseitigung beschäftigt.[31]

Drittes Problem: Plastikrecycling scheint mehr Schein als Sein zu sein

Naiv könnte man ja denken, dass Plastikrecycling unser Problem löst. Die Ergebnisse dazu sind aber mehr als enttäuschend. Wussten Sie, dass weltweit jede Minute annähernd eine Million Plastikflaschen gekauft werden,[14] wobei 91 Prozent davon nicht recycelt werden, wie das Wirtschaftsmagazin *Forbes* schreibt?[32]

Laut Greenpeace werden weltweit nur neun Prozent aller Kunststoffabfälle umweltgerecht recycelt, einiges wird verbrannt (zwölf Prozent). Der Rest lagert auf illegalen Deponien und verrottet dort, wird in der Landschaft, im Fluss und im Meer entsorgt.[33] Es entstehen giftige Gase und giftige Abwässer, die das Grundwasser kontaminieren. Eine Ausgabe von *Spiegel Wissenschaft* vom 18. 1. 2019 behauptet, wir Deutschen hätten eine erhebliche Mitschuld daran, dass der Plastikmüll überhandnimmt, weil die Deutschen weniger recycelten als gedacht. Die Bundesregierung gehe von einer Recyclingquote von 39 Prozent aus. Rechnete man allerdings nicht verwertbare Verbundmaterialien und Exporte heraus, so liege die Zahl bei 17,3 Prozent. Bei der Berechnung von verarbeitetem neuen Kunststoff (14 Millionen Tonnen) und dem wiederverwendeten Gebrauchtmaterial, welches zurück in den Kreislauf floss (0,8 Millionen Tonnen), so ergebe sich eine »harte Recyclingquote« von 5,6 Prozent. Verbrennen und Export sei das Schicksal des restlichen verbleibenden Plastikmülls.[34] Im jüngsten *Plastikatlas* von 2019 der Heinrich-Böll-Stiftung und des BUNDs wird eine deutschlandweite Recyclingquote von 15,6 Prozent bei Kunststoffabfällen angegeben.[17]

Man kann also ohne Zweifel behaupten, dass weit weniger recycelt wird, als man allgemein denkt, obwohl wir Weltmeister im Mülltrennen seien. Die Frage, was mit dem Rest geschieht – entweder Verbrennen oder Verschiffung nach Asien oder in andere Regionen der Welt, wobei das Schicksal nicht wirklich erfasst werden kann, stellt sich kaum jemand. Die Welt hat ein Plastikabfallproblem gigantischen Ausmaßes. Im Übrigen, auch andere Länder verschicken ihren Plastikmüll ins Ausland, so beipielsweise Japan auf Platz eins, die USA auf Platz zwei, gefolgt von Deutschland.[35]

Fazit: Plastikverschmutzung ist leider zu einer elementaren und offenbar auch unterschätzten Gefahr geworden, und wir müssen handeln. Es ist klar, was getan werden muss: Offenbar brauchen wir zum Schutz der Umwelt viel weniger Verpackung, viel mehr Recycling, keine Exporte, weder legal noch illegal. Und natürlich neue, ökologische Verpackungen, die die Umwelt nicht belasten.

Meiner Meinung nach stellt sich dabei die Frage nach der individuellen und auch gesamtgesellschaftlichen Verantwortung, Industrie und Politik natürlich eingeschlossen. Landet die von mir gekaufte Gurkenfolie in einer Recyclinganlage und steht somit einer erneuten Verarbeitung zur Verfügung, oder landet sie im Meer und wird dort von einem Lebewesen gefressen, oder endet sie auf einer stinkenden Mülldeponie in Fernost? Ich kann es nicht wissen. Niemand kann es wissen. Kann ich als einzelne Person etwas gegen das ubiquitär vorkommende Einwegplastik unternehmen, und wenn ja, bringt das überhaupt was?

Als Kinder haben wir die leeren Toffifee-Verpackungen als Kasse für Spielgeld benutzt, sie waren viel zu schade zum Wegwerfen. Damals in den 1970er-Jahren waren die Tempo-Taschentücher noch in einer Papierverpackung. Irgendwann wurde dann das Wegwerftaschentuch nur noch in Plastik zum Kauf angeboten. 1978 führte Coca-Cola die Einweg-PET-Flasche als Ersatz für die Glasflasche ein. Immer mehr Produkte wurden in Plastik eingeschweißt angeboten, schön leicht, schön sauber. Die Müllbeutel aus Plastik sorgten für saubere Hände und saubere Behälter. In den 2000er-Jahren gab es immer mehr Coffee-to-go-Angebote in Einwegbechern, auch in kleinen Tante-Emma-Läden. Es gab Supermärkte, die den Wochenendeinkauf der Kundschaft nach dem Bezahlen an der Kasse in Wegwerfplastiktüten einpackten. Sehr bequem, es wurde gerne angenommen, auch von uns. Es wurde modern, mit einem Kaffeebecher in der Hand herumzulaufen. Wurst und Aufschnitt, vorgeschnitten und in Plastik eingepackt, das war sehr bequem. Irgendwann traf es sogar die Gurke. Immer mehr Singlehaushalte, immer mehr alleinstehende Ältere, immer mehr Convenience-Produkte. Die Zeit wurde schnelllebiger, da passten vorgeschnittene Obstsalate gut in die neue Art des Essens. Sehr lange Zeit hat man sich überhaupt keine Gedanken über den entstehenden Plastikmüll gemacht, weil ja die gelbe Tonne als Garant für das Recycling stand. Recycling sollte die Lösung für das Wegwerfplastik sein. Und irgendwann kam der Wegwerfmüll auch in Entwicklungsländern an. 1999 waren wir in Ägypten am Nil. Die Süßwasserquelle wurde zum Baden und Plantschen der Kinder benutzt, Vieh stand in dem Wasser, und auch hässlicher Müll aus Plastik schwamm an der Oberfläche.

Exkurs: Noch viel mehr scheinbar unsichtbarer Müll

Elektroschrott

Müll im Allgemeinen ist ein Problem, denn es gibt ja nicht nur Verpackungsmüll. Diverse elektronische Gerätschaften bereichern, erleichtern und versüßen unseren Alltag. Nach dem Ableben entsteht daraus Müll: 53,6 Millionen Tonnen an Elektroschrott, also ausrangierte Geräte mit einem Stecker oder Batterie, sind 2019 weltweit generiert worden. Das entspricht 7,3 Kilogramm pro Kopf. 2030 werden es laut Vorhersagen 74 Millionen Tonnen sein, also noch mehr Schrott. Nur 17,4 Prozent wurden 2019 ordnungsgemäß gesammelt und recycelt.[36]

Die Verbraucherzentrale NRW stellt einen Zusammenhang zwischen übermäßigem Konsum hier und Schaden an Umwelt und Mensch in meist ärmeren Ländern her. Sie schrieb auf ihrer Internetseite am 23.6.2021 Folgendes:

> »Wir Verbraucherinnen und Verbraucher stehen ganz am Ende dieser Kette – und doch sind wir gleichzeitig der Anfang. Denn wenn sich hierzulande viele spätestens nach einem Jahr ein neues Smartphone kaufen und funktionierende Computer, Laptops und Tablets entsorgen, dann kurbelt das die Nachfrage an. Und die Nachfrage sorgt in dem Fall nicht für bessere Bedingungen in den Abbauländern, sondern vielfach für schlechtere. Unsere Kauf- und Wegwerfkultur führt dazu, dass Raubbau an der Natur getrieben wird – und auch an den Menschen, die im Rohstoffabbau arbeiten müssen.«[37]

Bezieht man sich auf die EU, stellt man auch hier einen Anstieg der Elektroschrottmenge fest, wobei weniger als 40 Prozent recycelt werden. Der Rest wird nicht getrennt.[38]

Trotz internationaler Verbote wird auch europäischer Elektroschrott in asiatische und afrikanische Länder exportiert. Dies zeigt eine Untersuchung des Basel Action Network, an der auch Greenpeace beteiligt war.[39] Schon 2011 hat Gaby Herzog, Reporterin und Journalistin, eine Reportage über *Die Kinder von Toxic City* veröffentlicht.[40] Mit Toxic City – von anderen wird dieses Gebiet auch Sodom genannt – ist die große Elektroschrott-Mülldeponie Agbogbloshie in Ghana, Westafrika, gemeint. In den 1990er-Jahren waren dort noch eine Lagune und ein Vogelschutzgebiet. Jetzt fungiert dieser Teil in Ghana als Müllkippe für Elektroschrott, dem Wohlstandsmüll aus der wohlhabenden Welt. Seit mehr als zwanzig Jahren zerlegen Erwachsene und Kinder dort Elektroschrott. Hier wird der Müll verwertet, sprich im günstigsten, aber seltenen Fall repariert und weiterverkauft. Er wird auseinandergebaut, Metalle werden zurückgewonnen, eine Art Recycling von Menschenhand unter menschenunwürdigen Bedingungen. Belastungen sowohl der Umwelt als auch der Gesundheit der dort arbeitenden Menschen durch Kadmium, Blei, Chrom, Nickel, Dioxin, durch giftige Flüssigkeiten und Rauchschwaden sind an der Tagesordnung. So wird zum Beispiel für die Kupfergewinnung aus Kabelresten die Plastikummantelung auf offenem Gelände unter Freisetzung giftiger Verbindungen verbrannt. Ohne Schutzkleidung, ohne Atemmaske. Der Film *Welcome to Sodom. Dein Smartphone ist schon hier* aus dem Jahre 2018 beschreibt sehr eindrücklich die Lebensumstände der dort tätigen Afrikaner und Afrikanerinnen und zeigt das von uns immer gerne verdrängte Wohlstandsgefälle in beschämender Weise auf.[41] Ich empfehle diesen Film.

Die Deutsche Gesellschaft für Internationale Politik (GIZ), ein Anbieter von Dienstleistungen der internationalen Zusammenarbeit und zu 100 Prozent im Besitz des Bundes mit ungefähr 22 000 Mitarbeitern und Mitarbeiterinnen in 120 Ländern, unterhält seit den 1980er-Jahren ein Büro in Accra, der Hauptstadt Ghanas, nicht weit von Agbogbloshie entfernt. Das Thema Abfall ist in ihrem Magazin *Akzente* in der Ausgabe 2/2019 ein Schwerpunktthema. Im Auftrag des Bundesentwicklungsministeriums hat die GIZ im Jahre 2016 ein Projekt gestartet, Ghanas Ministerium für Umwelt, Wirtschaft, Technologie und Innovation eine Unterstützung bei der Verbesserung der Rahmenbedingungen bei der Entsorgung des Elektroschrotts zu gewährleisten. Dabei konnten drei Wünsche der dort Arbeitenden im Frühjahr 2019 erfüllt werden: eine Trainingswerkstatt mit Wissensvermittlung in Bezug auf Sicherheit beim händischen Recycling, eine Gesundheitsstation mit der Möglichkeit der Versorgung von Wunden, Schnittverletzungen und Ekzemen und ein vom Abfall befreites Feld mit Fußballtoren.[42] Beschämend.

Weltraumschrott

An dieser Stelle möchte ich nicht unerwähnt lassen, dass sich auch außerhalb unseres Planeten Müll ansammelt. Hierüber macht man sich noch weniger Gedanken als über Plastikmüll oder Elektroschrott. Denn auch im Weltraum stoßen wir auf Müll. Abgesprengte Raketenstufen der Raumfahrt oder auch im All zurückgelassenes Werkzeug und Material oder alte, ausgediente Satelliten müssen als Müll im Orbit betrachtet werden.

Mehr als 6700 Satelliten kreisten Anfang Januar 2023 um die Erde, wobei die meisten den USA gehören.[43] Neben Satelliten gibt es auf den Erdumlaufbahnen mehrere Tonnen Schrottteile. Sie fliegen mit einer atemberaubenden Geschwindigkeit von Zehntausenden Stundenkilometern um die Erde und stellen damit natürlich Geschosse mit sehr großer Schlagkraft dar. Es befinden sich ungefähr 30000 Objekte mit mehr als zehn Zentimeter Größe, mehr als 900000 Bruchstücke mit mehr als einem Zentimeter und unglaubliche 150 Millionen Fragmente größer als ein Millimeter in den Erdumlaufbahnen.[44] Kollisionen können zu Schäden, Zertrümmerung und Trümmerteilen führen, die ihrerseits wieder Schäden oder weitere Trümmerteile verursachen können. 2009 sind zwei Satelliten in einer Höhe von etwa 780 Kilometern über Sibirien zusammengestoßen, der 3,60 Meter lange und 560 Kilogramm schwere, amerikanische Iridium-Erdtrabant, ein Kommunikationssatellit, mit dem ungefähr 900 Kilogramm schweren Kommunikationssatelliten Kosmos 2251 des russischen Militärs. Dieser Zusammenprall führte zu ungefähr 600 Trümmerteilen. Bereits vor über 30 Jahren, im Jahre 1991, traf ein Trümmerteil einen russischen Satelliten. Im Jahr 2005 stießen ein chinesisches Trümmerstück mit einem Trümmerstück einer ausrangierten amerikanischen Rakete zusammen. 1996 war bei einem Zusammenprall der französische Satellit Cerise von einem Fragment einer europäischen Ariane-1-Rakete getroffen worden.[45] Im Jahr 2019 konnte ein Zusammenstoß des Forschungssatelliten Aeolus mit einem der Starlink-Satelliten durch ein gesteuertes Ausweichmanöver glücklicherweise noch vermieden werden.[44]

Eine große Menge Trümmerteile mit potenziell folgenschweren Auswirkungen wird generiert, wenn Satelliten mittels Raketen gezielt abgeschossen werden. So musste die Internationale Raumstation ISS im Jahre 2021 evakuiert werden, weil Trümmerteile eines zuvor abgeschossenen Satelliten drohten, mit der ISS zu kollidieren und die Besatzung zu gefährden.[46]

Der *Tagesspiegel* schreibt Folgendes:

> »In Höhen zwischen 800 und 1000 Kilometern kreisen so viele Trümmer, dass dort ohne Zutun in den nächsten Jahrzehnten zufällig immer wieder Kollisionen stattfinden dürften, die ihrerseits neue Bruchstücke freisetzen könnten. Es ist eine Kettenreaktion, die sich nur schwer stoppen lässt.«[47]

Auf der Internetseite der ESA liest man Ähnliches:

> »Space debris – currently thousands of satellites are in orbit around Earth, providing vital services to Earth's billions of inhabitants. However as the number of undisposed satellites and rocket parts in space increases, so does the risk of in-space collisions, explosions, and the negligent creation of debris. If growth continues unhindered, space debris will mean the most useful and economically vital orbital pathways around Earth will become totally unusable.«[48]

Die Gefahr des Weltraummülls ist also erkannt. Relativ neu wird die Entsorgung dieses Mülls diskutiert. Die ESA will 2025 die erste Müllentsorgungsmission starten, ClearSpace-1.[49] Wussten Sie das?

Meeresmüll, Müll an Land, Weltraummüll, Elektroschrott, illegaler Müll, Mülltransporte, alles Begriffe, die man nicht sehen möchte, die schädlich für die Umwelt sind, deren Probleme immer größer und größer werden. Für die Umwelt bleibt die Müllproblematik bestehen und wird in Zukunft noch größer werden. Nicht nur die Menge an Wegwerfplastik und anderem Müll scheint ein offensichtliches Korrelat unseres Wohlstands zu sein, es ist auch Ausdruck des Zuviel, zu viel Verschwendung, zu viel Ressourcenverbrauch und letztlich auch zu viel Konsum, zu viel nicht mehr korrigierbarer Schaden für die Umwelt, und damit einhergehend, auch für uns Menschen. Nobert Nicoll, Politikwissenschaftler und Journalist, fasst es in seinem 2016 erschienenen Buch *Adieu, Wachstum! Das Ende einer Erfolgsgeschichte* so zusammen: »Müll ist eine der unterbelichteten Kehrseiten unserer Wohlstandsgesellschaft«.[50] Wenn ich den Gedanken weiterverfolge, komme ich automatisch zu unserer Zukunft. Einmal erkannt, dass wir ein riesiges Müllproblem haben, kann ich nicht mehr wegsehen. Kann es ein »Weiter so« geben? Wie wird die Welt in zehn oder 20 Jahren aussehen? Überall Plastik drin? Mir macht der Gedanke ein doch sehr unbehagliches Gefühl. Sind wir verloren? Was kann ich als Einzelperson tun, oder muss ich ohnmächtig zusehen? Näheres dazu findet sich im zweiten Kapitel. Muss unsere Wirtschaft weiter wachsen oder lieber schrumpfen? Wohin geht die Reise? Hier kann das Thema Wachstum nicht ausgelassen werden. Welchen Weg nimmt die Politik? Was wird zurzeit diskutiert? Diese Punkte werden im dritten Kapitel behandelt. Beim Nachdenken und Schreiben haben mich dabei folgende Worte begleitet und immer wieder ermutigt: Pia Ratzesberger, Redakteurin der *Süddeutschen Zeitung*, schreibt in ihrem 2020 erschienenen Buch *Plastik. 100 Seiten* (Sonderausgabe für die Bundeszentrale für politische Bildung): »Wir können viel tun. Und wenn wir nur mit einer Plastikflasche beginnen, die niemals auf dem Grund des Meeres landen wird.«[51] In diesem Sinne wollen wir es versuchen.

Kapitel 2

Sich auf den Weg machen

Die Königin des Zero Waste, Bea Johnson, sagt: »Nichtstun billigt Müll und lässt ihn fortbestehen. Handeln kann einen Wandel anstoßen.«[52] Diese Worte finde ich so wichtig, dass ich sie hier zitiere.

Was kann man tun, um der desolaten und frustrierenden Lage irgendetwas zu entgegnen? Gibt es Lösungen? Zwei größere Bereiche, sowohl die Praxis betreffend als auch die Notwendigkeit einer gesellschaftlichen Debatte, möchte ich hier erläutern. Die erste Anregung handelt vom Zero-Waste-Konzept, im Idealfall das gänzliche Vermeiden von Müll, sowohl kommunal als auch individuell. Die zweite Inspiration verlässt die praxisnahe Ebene, ist aber inhaltlich an die Verknüpfung *mehr Müll durch mehr Wachstum* gebunden. Sie beleuchtet den offensichtlichen Widerspruch zwischen der wachstumsbejahenden und der wachstumskritischen Autorenschaft, wobei die Lösung meiner Meinung nach in einer gesellschaftlich geführten Debatte, wie ein gutes Leben für alle aussehen könnte, liegen muss, um eine bessere Vision der Zukunft zu gestalten. Dabei könnte der *Donut* von Kate Raworth als Vorschlag ein verlockendes Zukunftsbild darstellen.

Müll weg – was bedeutet Zero Waste?

Zero Waste heißt übersetzt *kein Müll*, gleichzeitig bedeutet es auch *keine Verschwendung* von Ressourcen. International bekannt sind dabei die drei Rs: *reduce* (Reduzieren des Verbrauchs von Gütern, Energie, Wegwerfprodukten, Ressourcen), *reuse* (Wiederverwenden von Dingen, die schon da sind; Reparieren) und *recycle* (Recyceln mit Prozessen, die einen Verlust von Rohstoffen verhindern; Kreislaufwirtschaft; Kompostieren). Zero Waste stellt somit ein Konzept dar, mit dem ein Ausweg aus der Verschwendung von Ressourcen und eine Lösung für das doch nicht unerhebliche Umweltproblem durch Müll angestrebt wird. Dabei erscheint es mir notwendig, über Zero Waste zu informieren.

Seit geraumer Zeit greift die Kunstszene die Müllproblematik auf. Wir wohnen in Leipzig. Im Museum der Bildenden Künste gab es bis zum 8. November 2020 die Ausstellung *Zero Waste*, die Exponate und Filme von Künstlern zeigt, die sich kritisch mit den Themen Plastikvermüllung, Gift in der Umwelt, Konsum und Kleiderspenden auseinandersetzten. Die Ausstellung wurde vom Umweltbundesamt unterstützt. Wir haben die Ausstellung besucht und waren sehr begeistert.

Eine andere interessante Bewegung ist #ZeroWasteArt, die in Bahnhöfen aktiv war. Auch hier wurde die Vermüllung thematisiert, der Besucher sollte sich damit auseinandersetzen und zum Nachdenken angeregt werden. Verschiedene Künstler reisten deutschlandweit. Den Auftakt machte der Kölner Hauptbahnhof, andere Bahnhöfe in NRW folgten 2020. Dabei sollte die Philosophie hinter Zero Waste in den öffentlichen Diskurs gebracht werden, wie man auf der Internetseite zerowasteart.de lesen kann.[53]

Neben der intellektuellen Auseinandersetzung mit der Müllproblematik sind konkrete Handlungsempfehlungen, am besten auf allen Ebenen, sehr nützlich und von vielen Menschen auch ersehnt. Denn: Ein Lebensstil im Zero-Waste-Modus ist im Allgemeinen kaum oder nur bedingt vorstellbar.

Die Wissenschaft gibt ganz konkrete Empfehlungen. Das Fraunhofer-Institut hat im Jahre 2018 die Ergebnisse einer Studie in Form der Publikation *Kunststoffe in der Umwelt: Mikro- und Makroplastik* herausgegeben. Am Ende des Artikels findet sich eine eindeutige und unmissverständliche Take-Home-Message mit folgender Aussage: »Wir müssen unsere jährlichen Kunststoffemissionen von 5400 auf 200 Gramm pro Kopf reduzieren, um weitere Umweltschäden zu vermeiden.«[54] Das bedeutet für jeden Einzelnen eine Verringerung um das 27-Fache. Was können wir tun, damit uns dies gelingt? In der Publikation werden 17 Punkte aufgelistet, die ich hier gerne wiedergeben möchte.

Jeder von uns kann Folgendes laut Fraunhofer-Institut tun:

»1. Littering [achtloses Wegwerfen von Müll in die Umwelt, Anmerkung der Autorin] vermeiden, Abfälle einsammeln
2. Abfälle nicht über das Abwasser entsorgen
3. Langlebige Reifen nutzen, defensiv fahren
4. Produkte mit Microbeads [entspricht Mikroplastik, Anmerkung der Autorin] vermeiden«

An die Politik und Kommunen werden folgende Empfehlungen genannt:

»5. Pfandsystem ausweiten
6. Produkte, die häufig gelittert werden, verbieten
7. Anreize für hohen Recyclinganteil in Primärprodukten schaffen«

Für die Wissenschaft und Industrie sind fünf Empfehlungen vorgesehen:

»8. Abriebs- und verwitterungsarme Kunststoffe entwickeln
9. Abbaubarkeit von Polymeren verbessern
10. Rezyklierbarkeit von Kunststoffen steigern
11. Kritische Additive substituieren
12. Neue Filtersysteme entwickeln«

Weitere Adressaten sind die Siedlungswasserwirtschaft und Straßenreinigung mit folgenden Empfehlungen:

»13. Straßenreinigung optimieren und ausweiten
14. Rückhaltesysteme in Trennsystemen und für Mischwasserabschläge ausbauen
15. Niederschlagsentwässerung verbessern

16. Straßenreinigung intensivieren und optimieren
17. Kunststoffbelastung von Klärschlämmen reduzieren«

Das *Klima Sparbuch Leipzig*, herausgegeben 2019 von der Stadt Leipzig, Amt für Umweltschutz und dem Verein für ökologische Kommunikation, fiel mir beim Besuch des Bürgeramtes in die Hände. Dieses Heftchen soll Anregungen und Ideen liefern, wie man in seiner Region das Leben klimabewusster gestalten kann. So werden beispielsweise die zehn wirkungsvollsten Klimatipps aufgeführt, unter anderem das Überdenken des Konsumverhaltens. Man solle nur diejenigen Dinge kaufen, die man wirklich braucht, wobei Energieverbrauch und Langlebigkeit der Produkte beachtet werden sollten.[55] Dieser Aspekt wird unter dem Thema Klimaschutz subsummiert, wobei Umweltschutz vielleicht treffender wäre. Es wird auf die Plastik- und Verpackungsmüllproblematik eingegangen und auf die Unverpackt-Läden in Leipzig verwiesen. Insgesamt stellt dieses kleine Heftchen viele interessante Internetseiten vor, es informiert über klimafreundliche Projekte vor Ort, darüber hinaus gibt es viele Tipps und Anregungen, um ein bewussteres Handeln im Sinne des Klimaschutzes beziehungsweise Umweltschutzes zu initiieren. Ferner finden sich zwölf Gutscheine für ökologische Einkäufe oder Bildungsangebote, die zum Ausprobieren verlocken und die Neugier wecken.

Das allererste Klimasparbuch hat die Stadt München im Jahre 2010 herausgegeben, ein Jahr später waren es drei Städte – München, Frankfurt und Bremen, und seitdem folgen immer mehr Städte und Regionen. Mehr als 100 Klimasparbuchausgaben und weitere verwandte Publikationen sind bereits erschienen.[56]

»Der beste Müll ist derjenige, der erst gar nicht entsteht.« Diesen Satz liest man immer wieder, wenn man sich mit der Plastikverschmutzung oder Müllbelastung auseinandersetzt. Interessant ist auch die Entwicklung in Frankreich: Auf der Internetseite foodwatch.org liest man, in Frankreich seien Plastikverpackungen für Banane, Brokkoli und anderes Obst und Gemüse seit Anfang

2022 verboten. Spätestens im Jahre 2026 werde in Frankreich das gesamte Sortiment von Obst und Gemüse plastikverpackungsfrei verkauft werden.[57] Und bei uns? Der Naturschutzbund Deutschland (NABU) fordert sowohl die Industrie als auch den Handel in Deutschland auf, Obst und Gemüse zur Schonung der Ressourcen und zur Vermeidung von Abfall hauptsächlich lose anzubieten. Ebenso müsse der Papierverbrauch für diese Produktgruppe gestoppt werden. Für unvermeidbare Verpackungen sollten die Materialeffizienz und Recyclingfähigkeit verbessert werden.[58] Müllreduktion ist schon mal ein Anfang. Diesen Ansatz kann man mit dem Zero-Waste-Konzept noch weiter denken. Zero Waste bedeutet dabei einen zumindest jetzt noch ersehnten Idealzustand, in dem erst gar kein Müll entsteht. Dieser Ansatz geht also über den Ansatz der Müllreduktion weit hinaus und vervollkommnet ihn. Die Stadt Kiel in Schleswig-Holstein scheint eine Vorreiterrolle in Bezug auf Zero Waste einzunehmen. Im Jahr 2014 gründete Marie Delaperrière den ersten Unverpackt-Laden in Kiel und gilt somit als Pionierin auf dem Gebiet des müllfreien Einkaufs. Kurz danach eröffnete ein Unverpackt-Laden in Berlin. Mittlerweile findet man eine ganze Liste von Unverpackt-Läden in Deutschland, Österreich und der Schweiz.[59] Es müssten jetzt geschätzt an die 300 Läden sein. Innerhalb von einigen Jahren hat sich die Pionierleistung ausgezahlt, die Geschäftsidee scheint zu funktionieren, und eine immer größer werdende Kundschaft wird angezogen.

Das haben auch die großen Supermärkte bemerkt und reagieren auf diesen Trend. Rewe beispielsweise bietet Biogemüse wie Gurken, Paprika, Fenchel, Süßkartoffel und Zucchini plastikverpackungsfrei an.[60] Das hört sich ja erst einmal gut an, jedoch sind die Ergebnisse, die die Verbraucherzentrale Hamburg ermittelt hat, sehr ernüchternd. Bei ihrer Analyse stellten sie fest, dass Discounter Obst und Gemüse häufiger in Plastik verpackt anbieten als andere Supermärkte. Penny und Aldi wiesen eine Plastikquote von 81 Prozent beziehungsweise 74 Prozent, Edeka dagegen von 48 Prozent auf. Enttäuschend war auch, dass die unverpackte Ware häufig teurer war als die Plastikvariante.[61] Das deckt sich auch mit unseren eigenen Erfahrungen beim Einkauf. Hier steckt also noch ganz viel Nachholbedarf, besonders bei der Preisgestaltung, denn umweltbewusstes Handeln darf nicht bestraft werden.

Kiel hat nicht nur deutschlandweit den ersten Unverpackt-Laden eröffnet, Kiel ist auch die erste Stadt Deutschlands, die sich dem Netzwerk Zero Waste Europe angeschlossen hat. Die Kieler Ratsversammlung hat 2018 beschlossen, dass die Landeshauptstadt Zero-Waste-Stadt werden soll. In den darauffolgenden Monaten wurde ein Fahrplan für den Weg zur Zero-Waste-Stadt erarbeitet, der dann im November der Ratsversammlung zum Beschluss vorgelegt wurde. Am 19. November 2020 beschloss die Ratsversammlung einstimmig, Zero Waste – und damit die Vermeidung von Abfällen zum Schutz der Ressourcen – dauerhaft im gesamten Stadtgebiet zu verankern. Grundlage hierfür bildet das gemeinsam von der Stadt Kiel, dem Zero Waste Kiel e.V. und zahlreichen Kieler Bürgern und Bürgerinnen entwickelte und Ende August 2020 fertiggestellte Zero-Waste-Konzept.[62]

Eigentlich und wörtlich übersetzt bedeutet Zero Waste kein Abfall mit dem Ziel, alle Ressourcen durch verantwortungsvolle Produktion sowie durch die Wiederverwendung und stoffliche Verwertung von Produkten, Verpackungen und Materialien zu erhalten. Idealerweise kommt eine Verbrennung von Ressourcen nach dem Zero-Waste-Prinzip nicht vor. Es werden keinerlei Abfälle in Land, Wasser oder Luft eingetragen, die der Umwelt oder der menschlichen Gesundheit schaden könnten.[63] Dabei möchte die Stadt Kiel der Vision, gar keine Abfälle mehr zu generieren, so nah wie möglich kommen. Es soll kontinuierlich an einer Reduzierung der Abfallmengen gearbeitet werden. Dazu wurde eine Abfallhierarchie festgelegt, wobei an oberster Stelle mit höchster Priorität die Abfallvermeidung angeführt wird. Unnötige Verpackungen sind gemeint. An zweiter Stellte steht die Wiederverwendung, das heißt Reparatur oder Secondhand, erst an dritter Stelle findet sich das Recycling, wobei dann beispielsweise die PET-Flasche für neue

Bekleidung eingesetzt wird. An vorletzter Stelle wird die sonstige Verwertung angeführt (thermische Verwertung, also Verbrennung, zur Energiegewinnung). Alles, was den ersten vier Stufen nicht zugeführt werden kann, muss beseitigt werden, was Deponieren bedeutet. Neben der Reduzierung der Gesamtabfallmengen kommt der Reduzierung des Restmülls, der ja der thermischen Entsorgung zugeführt wird, eine besondere Bedeutung zu, da hier noch enthaltene Ressourcen gerettet werden können.

Andere Städte scheinen diesem Vorbild zu folgen, so auch Berlin, Köln und München. Sind einmal diese Leuchttürme der Abfallvermeidung und -reduktion etabliert, kann man sich gut vorstellen, dass es zahlreiche Nachahmerstädte geben wird, um die Müllkatastrophe und Resourcenverschwendung einzudämmen. Das macht Hoffnung. Meine Stadt Leipzig wird nun auch Zero-Waste-City.

Die Königin des Zero Waste ist meiner Meinung nach die gebürtige Französin Bea Johnson. Leider bin ich erst vor einem Jahr auf die in Kalifornien lebende Aktivistin aufmerksam geworden. Ihr 2016 erschienenes Buch *Glücklich leben ohne Müll* ist ein absolutes Muss für alle Zero-Waste-Fans und wurde schon in viele Sprachen übersetzt.[52] Seit 2008 beschäftigt sich Bea Johnson mit Zero Waste. Dabei spielen ihrer Meinung nach die fünf Rs eine bedeutsame Rolle: *refuse* (ablehnen, was man nicht braucht), *reduce* (reduzieren, was man braucht), *reuse* (wiederverwenden), *recycle* (recyceln) und *rot* (kompostieren). Nach ihr beginne alles mit dem *refuse*, also dem Ablehnen. Unnötiger Müll soll nicht ins Haus gelassen werden, kein Einwegplastik, keine Gratisgeschenke und so weiter. Um gemäß Zero Waste leben zu können, hat Bea Johnson wirklich alles ausprobiert, bis sie schließlich Varianten gefunden hat, die ihr und ihrer Familie stressfreie Zero-Waste-Alltagspraktiken bescherten. Das Buch ist absolut motivierend, und man spürt förmlich die Energie, mit der Bea Johnson den Müll so lange bekämpft hat, bis sie schließlich müllfreie Alternativen gefunden hat.

Bea Johnsons Zero-Waste-Lebensstil ist gekoppelt mit einem minimalistischen Ansatz. Die Familie besitzt eine überschaubare

Anzahl an Kleidung, Möbel- und Kücheninventar, um ein einfacheres Leben führen zu können. Interessant ist auch die Frage nach den Kosten: Sie stellte fest, dass die jährlichen familiären Ausgaben um 40 Prozent niedriger sind. Vermutlich bedingen sich Zero Waste und Minimalismus. Das eine führt zum anderen und umgekehrt. Beide Ansätze gehören zusammen.

Kritische Menschen fragen: »Ist Zero Waste nicht einfach eine Modeerscheinung?« Ich denke, nicht. Bea Johnson hat dazu eine klare Meinung. Zero Waste reduziere die Umweltverschmutzung, unterstütze den Umweltschutz, hebe den Lebensstandard an und sei kostensparend.

Verena Klaus ist ebenso wie Bea Johnson Zero-Waste-Spezialistin und schreibt in ihrem Buch *Zero Waste – so geht's* aus dem Jahr 2020 folgende Sätze:

> »Zero Waste ist eine Lebenseinstellung, die in ihrer Essenz ein Zeichen gegen verschwenderischen und kopflosen Konsum setzt. Die sich gegen eine Wegwerfmentalität stellt, eine Auslese trifft und Werte neu definiert. Eine Lebenseinstellung, die sich entfernt von unserem Einweg-, unserem Einbahnstraßendenken, hin zu Mehrweg und Mehrwert.«

Zum Ende ihres Buches geht Verena Klaus nochmals auf den Begriff Zero Waste ein.

> »Zero Waste ist nicht bloß unverpackt einkaufen. Unverpackt einkaufen ist toll, weil wir einfach nur das nehmen, was wir auch wirklich nutzen. Und das fängt bei den zwei Paprika an, die wir brauchen, von denen wir im normalen Supermarkt aber drei kaufen müssen, weil es sie nicht einzeln gibt. Unverpackt einkaufen macht Zero Waste sicht- und greifbar. Es sieht schön aus. Zero Waste ist auch nicht alles selbst machen. Zero Waste ist nicht, alles Plastik wegzuschmeißen und durch Edelstahl oder Holz zu ersetzen. Zero Waste ist einfach. Es bedeutet, das eigene Leben von vielem zu befreien, das belastet und ausbremst.«[64]

Und schon ist man bei dem Zwilling des Zero-Waste-Gedankens: beim Minimalismus. Aber was ist das eigentlich? Manche behaupten, wenn jemand nur 100 Dinge besitze, sei die Person Minimalist.

Andere fassen den Begriff weiter auf, ohne konkrete Anzahl, wobei es um die Punkte Nutzen, Brauchen und Gefallen geht. Es geht um Erleichterung, um Übersichtlichkeit, um Ordnung, um Freiheit, um Sinn, um weniger Verschwendung, um weniger Konsum.

Im Jahr 2021 erschien das Buch *Minimalismus leben für Dummies* von dem Schweizer Aufräumcoach Selim Tolga. Er legt darin seine fünf Gesetze des Minimalismus schriftlich dar und erläutert die Minimalismusmethode ausführlich. Darüber hinaus gibt er Aufräum- und Loslasstipps, die auf dem eigenen Weg zum Minimalismus sehr hilfreich sein können. Vorteile seien, so meint Selim Tolga, mehr Zeit mit der Familie und den Kindern, sich besser fühlen und sich frei machen von Stress und Angst, eine Art Fokussierung auf die wirklich wichtigen Dinge im Leben.[65]

Ein Blick über den eigenen Tellerrand hinaus ergab, dass sich bereits sehr viele Menschen mit dem Thema Aufräumen und Vereinfachen oder Minimalismus beschäftigen. In der deutschsprachigen Literatur ist das wunderbare Buch *Simplify your life* von Werner Tiki Küstenmacher zu nennen. Er beschreibt verschiedene Stufen einer Pyramide, die zunächst einmal sortiert und geordnet werden müssen, um dann letztlich bei sich selber anzukommen und Zufriedenheit zu erlangen. Er beginnt mit der untersten Stufe, räumliche Ordnung schaffen, und das ganz praxisnah, danach folgen Geld, Zeit, Gesundheit, Beziehungen, Partnerschaft und letztlich das Selbst.[66] Ähnliches Gedankengut findet sich bei der Japanerin Marie Kondo. Nicht umsonst ist das Buch *Magic cleaning. Wie richtiges Aufräumen Ihr Leben verändert* mehrere Millionen Mal verkauft worden. Sie legt wie Küstenmacher Wert auf äußere Ordnung, der dann die innere folge.[67] Ebenfalls aus japanischer Feder stammt das Buch *Das kann doch weg! Das befreiende Gefühl, mit weniger zu leben* von Fumio Sasaki, der seinen Besitz auf ein Minimum reduzierte und nun ein freieres, dankbares Leben führt. Seine Tipps, wie man sich von Dingen trennt, können sehr hilfreich sein, sowohl beim Sortieren der materiellen Dinge wie auch beim Sortieren der Gedanken in Bezug auf die persönliche Zukunft. Dabei weist er darauf hin, dass Minimalismus, der immer sehr individuell ist, nichts mit einer vorgegebenen Zahl an Besitzelementen zu tun habe.

> »Minimalismus spart viel Geld, doch das ist noch nicht alles: Wir lernen, unser Geld anders auszugeben, nämlich für Erfahrungen, Menschen und neue Initiativen statt für Dinge, mit denen wir nur andere beeindrucken wollen. Wir beginnen, unser Geld in das zu investieren, was wirklich wichtig ist«,

so lesen wir bei Fumio Sasaki. Weniger Besitz bedeute nicht weniger Zufriedenheit. Minimalismus sei eine Methode, um Ablenkungen zu beseitigen, und nur der Beginn. Es komme darauf an, was man nach dem Aussortieren mache. »Sobald Sie sich von Ihrem unnötigen Krempel verabschiedet haben, ist es an der Zeit, Ihre eigene, einzigartige Geschichte zu schreiben.«[68]

Joshua Fields Millburn und Ryan Nicodemus, bekannt unter dem Namen The Minimalists, sind mittlerweile aufgrund ihrer 2016 erschienenen Dokumentation Netflix-Stars geworden. Ihr deutschsprachiges Buch *Minimalismus – Der neue Leicht-Sinn* erschien 2018, während die englische Variante schon einige Jahre vorher im Handel war. Laut den Autoren soll ihr Buch als Ratgeber betrachtet werden. Zunächst befreit man sich von all den unnötigen Dingen, um sich dann den wichtigsten Bereichen des Lebens widmen zu können, als da wären Gesundheit, Beziehungen, Leidenschaften, Weiterentwicklung und soziales Engagement. Hier wird nach wahrem Glück und nach einem sinnverfüllten Leben gesucht. Ihre Lebensgeschichte ist sehr persönlich dargestellt. Die Autoren definieren Minimalismus wie folgt:

> »Es geht darum, dass Minimalismus ein Werkzeug ist, das Ihnen hilft, Freiheit für sich zu schaffen. Die Freiheit, ohne Angst, ohne Sorgen, ohne Überforderung, ohne Schuldgefühl, ohne Depression, ohne Versklavung zu leben. Es geht um Freiheit. Echte Freiheit.«

Es geht darum, sich auf die wirklich wichtigen Aspekte im Leben konzentrieren zu können, und das seien eben nicht die materiellen Dinge.[69]

Privater Minimalismus ist sicher für einige Menschen inhaltlich uninteressant, für andere dagegen sehr ansprechend. Fakt ist auf jeden Fall, dass ein minimalistischer Lebensstil zu sehr viel weniger Konsum und somit auch zu sehr viel weniger Abfall führt, sodass man schon davon ausgehen kann, dass Zero Waste Hand in Hand mit Minimalismus geht.

Um allen eventuellen Missverständnissen vorzubeugen: Für Menschen in Mangelsituationen ist Minimalismus völlig indiskutabel, das gilt für Menschen in wohlhabenden sowie weniger wohlhabenden Länder gleichermaßen.

Wir gehen Zero Waste und geben eine Anleitung

Sind wir ohnmächtig gegenüber der Müll- und Plastikproblematik? Können wir als Einzelne etwas gegen den Wegwerfwahn und die damit einhergehende Umweltzerstörung unternehmen?
Ist es überhaupt praktikabel, plastikfrei einzukaufen? Ist man nicht ein Fremder oder eine Fremde in einer Welt voller Plastikverpackungen? Geht man durch Supermärkte und Drogerien, so wird ganz schnell klar, dass man fast nichts mehr kaufen kann. Schnell möchte man wieder aufgeben. Zu Beginn unseres Familienexperiments *Vier Wochen plastikfrei einkaufen* fühlten wir uns wirklich überfordert. Überall Plastikverpackungen, wie soll das gehen? Ausprobieren war angesagt. Bespricht man sich, hört man nur allzu häufig die bekannten Einwände. Eine Einzelperson könne ja gar nichts bewirken, da müsse die Politik Vorgaben machen, andere Länder hätten ja noch nicht einmal ein ordentliches Recyclingsystem, plastikfreier Einkauf sei sicher sehr teuer oder nicht möglich und so weiter. Das kann schon sehr frustrierend sein, weil diese Einwände natürlich irgendwo richtig und nachvollziehbar sind. Könnte es trotzdem einen Grund geben, sich gegen die Flut von Plastikmüll zu wehren, auch als Einzelperson? Oder allgemeiner gehalten, sich für die Umwelt, in welcher Form auch immer, einzu-

setzen und ein entsprechend konsequentes Verhalten an den Tag zu legen und seiner Neugier zu folgen? Um dieser Frage nachzugehen, haben wir vor geraumer Zeit als Familie beschlossen, ein vierwöchiges Experiment zu wagen: Können wir gänzlich auf Einwegverpackungen bei Lebensmitteln und Hygieneartikeln verzichten?

Hier möchte ich nun unsere Erfahrungen vorstellen, vielleicht ermuntert es den einen oder anderen, Wegwerfmüll zu reduzieren. Wir machen Zero Waste.

Im Vorfeld haben wir folgende theoretische Grundlagen und Vorbereitungen erarbeitet und beschlossen: Während unseres vierwöchigen Familienexperiments werden nur Produkte ohne Einwegplastikverpackung beziehungsweise Produkte ohne Einwegmetallverpackung wie Sprühdosen oder Butterverpackung (dies wird im Folgenden dann auch Plastikverpackung genannt) gekauft.

Jeder Einkauf während der vier Wochen Experimentierzeit muss mit dem Fahrrad zu erledigen sein. Weiter entfernte Fahrten mit dem Auto sind ausgeschlossen. Ferner ist eine Onlinebestellung nicht erlaubt.

Jeder Einkauf muss mit Kassenzettel oder auf gesonderten, am Kühlschrank ausgehängten Listen eingetragen werden. Beim Abendessen wird eine Kontrolle diesbezüglich durchgeführt.

Jeder Einkauf muss in einer Tabelle mit Häufigkeit des Einkaufs und Kosten angegeben werden. Häufigkeiten beim Waschen der Wäsche werden auf einer Liste neben der Waschmaschine protokolliert.

Alle Familienmitglieder werden verpflichtet, beim Experiment mitzumachen. Ausnahmen werden nicht zugelassen, wenn Verzicht möglich erscheint (bei Lippenstift und Wimperntusche konnten keine adäquaten Alternativen gefunden werden, Verzicht wurde von einem Familienmitglied definitiv abgelehnt. Aus diesem Grunde durften diese beiden Artikel weiter benutzt werden). Die Möglichkeit des Verzichts des einen oder anderen Produktes wird erörtert und von allen Familienmitgliedern bejaht und durchgeführt.

Alle in Plastik verpackten Lebensmittel und Hygieneartikel müssen aus den Schubladen und Schränken aussortiert und im Keller zwischengelagert werden. Einzig angebrochene Frischeartikel werden aufgebraucht. Es dürfen keine Lebensmittel oder Hygieneartikel weggeworfen werden.

Um die Durchführbarkeit eines plastikverpackungsfreien Einkaufs überprüfen zu können, werden keine weiteren Aspekte wie beispielsweise Bioqualität oder Regionalität von Produkten in die Betrachtung mit einbezogen, weil hier lediglich die Frage nach dem Einsparpotenzial von Plastikverpackungen beantwortet werden soll.

Am Ende der Experimentierphase werden die Produkte auf den Verbrauch hin untersucht. Wie viel Gramm, Stück oder Menge ist noch übrig? Wie viel ist verbraucht worden?

Da Verpackungen sehr unterschiedliches Aussehen haben können – Trinkflasche, Shampooflasche, Duschgelflasche, Tray, Schale, Ummantelung, Tube, Netz, Sack, Becher, Tetrapak, Dose, dünnwandige Plastiktüte, Müllbeutel aus Plastik –, haben wir zum besseren Verständnis und für die Übersichtlichkeit den Begriff der Verpackungseinheit (VE) gewählt.

Der Fahrplan war ausgedacht, nun konnte es losgehen. Nachdem wir alle verpackungsbehafteten Lebensmittel und Hygieneartikel aus Kühlschrank, Schubladen, Schränken und anderen Vorratsörtlichkeiten sowohl im Küchen- als auch Badbereich aussortiert hatten – immerhin mussten wir insgesamt drei große Kartons packen –, wurde uns mittels dieser Visualisierung schlagartig bewusst, wie viel Einwegplastik in einem normalen, damals noch vierköpfigen Haushalt anfällt und dass die von uns selbst auferlegte Herausforderung, Plastikmüll zu vermeiden und somit plastikfreie Produkte zu finden, nicht einfach werden könnte.

Die ersten zwei Wochen des Experiments waren zeitlich am aufwendigsten, da unmittelbar Ersatzprodukte für den Alltag gefunden werden mussten, besonders bei den Hygieneprodukten. Es galt herauszufinden, welche Alternativen es gibt und wo diese zu bekommen sind. Außerdem mussten wir einige Produkte selber herstellen, da es keine plastikfreien Varianten gab. Dazu haben wir recherchiert und einiges an Rezepten, sowohl für Lebensmittel, aber viel mehr für Hygieneartikel, ausprobiert und schließlich bei uns im Alltag etabliert. Neues Terrain zu betreten und sich mit den ansonsten wenig beachteten Reinigungsmitteln und anderen verwandten Themen zu beschäftigen, hat Spaß gemacht.

Die große und überaus positive Überraschung war, dass wir für fast alle herkömmlicherweise gekauften, in Plastik verpackten Produkte Alternativen finden konnten. Das hat uns schon sehr beeindruckt, zweifelten wir doch insgeheim manchmal an unserer Fragestellung oder hörten wir doch gelegentlich die Aussage: »Das geht nicht.«

Neue, bisher nicht von uns frequentierte Geschäfte wurden als Einkaufsstellen angesteuert, in der Regel mussten mehr Geschäfte als beim herkömmlichen Einkauf aufgesucht werden. Die Vorbereitung des Einkaufs erforderte von uns immer eine genaue Planung und Liste von zu besorgenden Produkten. Deshalb gibt es auch heute noch bei uns eine Papierliste neben der Kaffeemaschine, in die jeder eintragen kann, was zur Neige geht oder wo Bedarf besteht. Spontaneinkäufe waren somit gar nicht mehr möglich. Vorratsgefäße und Beutel werden nach wie vor mitgeführt. Das Dokumentieren der verschiedenen Einkäufe war für uns alle ungewohnt, nichtsdestotrotz aber mittels der Kassenbons und der von uns ausgehängten Kühlschranklisten problemlos machbar. In den vier Wochen gab es innerhalb der Familie einen regen Austausch über Preise und die neu hinzugekommenen Produkte, die wir vorher nicht kannten. Beim Gang durch die Supermärkte, Drogerien und Biomärkte wurde klar, dass eine Vielzahl der Produkte für uns ausschieden. Es stellte sich der von uns sehr geschätzte Nebeneffekt ein, dass Kühlschrank, Schubladen und Schränke angenehm leer waren und der Überblick über vorhandene Artikel stets gegeben war. In den vier Wochen des Experiments ist nicht ein einziges Lebensmittel schlecht geworden. Nach den ersten zwei Wochen wussten wir genau, wo welche plastikverpackungsfreien Artikel zu bekommen sind. Nun konnte der Einkauf viel schneller vonstattengehen. Mittlerweile haben wir eine gewisse Einkaufsroutine entwickelt und wissen genau, welche Produkte uns schmecken oder gefallen. Wo kaufe ich was plastikfrei ein? Jeder Konsument und jede Konsumentin muss dies natürlich an die gegebenen Möglichkeiten anpassen. Zur Veranschaulichung: Wir haben eine bunte Mischung an Läden – Bioladen, Rewe, Obsthändler, Lidl, Löschdepot, Unverpackt, dm, Bäcker, Fleischer – für die wichtigsten Lebensmittel und Hygieneartikel in fußläufiger oder fahrradtauglicher Entfernung. Bei gutem Wetter und wenn genügend Zeit ist, wird auch der wöchentliche Markt in der Innenstadt aufgesucht, bei Regen oder Schnee allerdings nicht. Unsere Einkaufssituation ist somit recht komfortabel. Ich weiß, dass die örtlichen Gegebenheiten bei vielen Menschen nicht so optimal sind und deshalb nicht ohne Weiteres solch ein Experiment durchgeführt werden kann.

Seit ungefähr drei Jahren sind wir im Besitz eines alten Handwagens. Vorher ungenutzt, hat er eine Aufgabe zugewiesen bekommen: Leere Getränkekisten werden mittlerweile mit diesem Handwagen zum Getränkemarkt transportiert und volle Kisten wieder mitgenommen. Wenn man umsichtig ist, kann man drei Kisten auf einmal transportieren. Außerdem haben wir mittlerweile einen Sodastream angeschafft, sodass das Einkaufen der Wasserkiste entfällt. Auch deshalb hat sich der Einsatz des Autos für den Einkauf dramatisch reduziert. Alle übrigen Einkäufe finden meist zu Fuß oder mit dem Fahrrad statt. Wenn es besonders viel ist, fahren wir mit dem Auto.

Laut der Publikation des Fraunhofer-Instituts kann ungefähr ein Drittel des gesamten Mikroplastiks, welches in die Umwelt abgegeben wird, auf den Abrieb von PKW-Reifen zurückgeführt werden. Weniger Autofahren bedeutet weniger Umweltbelastung durch Mikroplastik. Aber Achtung: Auch Schuhsohlen, Fahrradreifen, Sportplätze, Gebäudefassaden, Skateboards und weitere, von der Allgemeinheit meiner Meinung nach sicherlich wenig beachtete Quellen geben Mikroplastik an die Umwelt ab, wie der Bericht der Autorengruppe des Fraunhofer-Instituts sehr detailliert auflistet.[54] Offenbar scheint das Mikroplastik in der Kosmetik doch wohl eher eine nicht unbedeutende, aber doch untergeordnete Rolle zu spielen.

Insgesamt muss man leider feststellen, dass im Allgemeinen die Anzahl an plastikverpackungsfreien Produkten und die damit einhergehende mögliche Auswahl im Vergleich zu den herkömmlichen Produkten arg beschränkt ist. Liebt man dagegen die Vielfalt, dann könnte die Herausforderung schon sehr groß sein.

Während unseres Experiments hatten wir nebenbei auch die Kosten im Blick. Dazu haben wir recht akribisch alle Einkäufe und Geldausgaben notiert und dann ausgewertet. Ein plastikverpackungsfreier oder -armer, vor allen Dingen ein bewusster und reduzierter, auf die wesentlichen Dinge beschränkter Einkauf führt ganz automatisch zu einem veränderten Konsumverhalten. Letztlich spart man über längere Zeit nicht unerheblich viel Geld ein.

Besonders interessant ist ja die Auswertung im Hinblick auf die vermiedenen Plastikverpackungen. Unsere Aufzeichnungen und Berechnungen ergaben, dass wir insgesamt als Vierpersonenhaushalt in den vier Wochen 300 Verpackungseinheiten einsparten, die ansonsten in der gelben Tonne gelandet wären. Unsere gelbe Tonne war tatsächlich leer. Wir waren überrascht. Allerdings muss ich hinzufügen, dass wir auf Mozzarella, Chips, Halloumi, vegetarische Fleischersatzprodukte und Schmand verzichtet haben, weil wir keine plastikverpackungsfreien Varianten finden konnten.

Obst und Gemüse

Beim Einkaufen stellten wir ganz schnell fest, dass bestimmte Produkte schwierig waren, andere dagegen sehr einfach. Eine erfreuliche Produktgruppe stellt dabei die Obst-und Gemüsekategorie dar. Hier konnten wir ohne Mehrkosten und ohne zeitlichen Mehraufwand 53 Verpackungseinheiten während des Versuchsmonats einsparen. Auch bei den Discountern findet man verpackungsfreies Obst und Gemüse, wohl in geringerer Auswahl, aber es ist machbar. Für uns war der Besuch des nahgelegenen Gemüsehändlers oder des unweiten Biomarktes am unkompliziertesten. Alles, was wir an Obst und Gemüse brauchten, konnten wir hier unverpackt einkaufen. Um diese eingesparten Verpackungseinheiten zu versinnbildlichen, kann man die Verpackungseinheiten in dünnwandige Hemdchenplastiktüten umrechnen. Pro Kopf sparten wir also in dieser Kategorie 13,25 Plastiktüten pro Monat ein. Hochgerechnet auf das Jahr, sind es 159 Tüten pro Kopf. Für ganz Deutschland mit ungefähr 80 000 000 Einwohnern ergibt sich eine Summe von 12 720 000 000 (12,72 Milliarden) Hemdchen-Tüten pro Jahr an einsparbaren Verpackungseinheiten nur in der Obst- und Gemüsekategorie. Bei einer Tütenbreite von 25 Zentimetern errechnet sich eine Gesamtlänge von aneinandergereihten Tüten (0,00025 Kilometer x 12,72 Milliarden) von 3 180 000 Kilometern. So könnte man mit diesem Plastiktütenband die Erde ungefähr 79-mal entlang des Äquators umwickeln. Diese Ergebnisse gelten nur für Deutschland. Was würde das für die ganze Welt bedeuten? Das ist unfassbar und für alle für 0 Euro vermeidbar. Und das betrifft nur die Obst- und Gemüsekategorie.

Eine andere Betrachtungsweise zur Bedeutung der Plastikmüllreduktion bietet der Verbrauch von Erdöl. Eine dünnwandige Hemdchenplastiktüte wiegt ungefähr vier Gramm. Bei 12,72 Milliarden Tüten sind es 50 880 000 Kilogramm Tütenplastik für ganz Deutschland pro Jahr. Für 20 Gramm Tütenmaterial benötigt man laut Internet 50 Milliliter Rohöl.[70] Für die Herstellung des Tütenmaterials braucht man demzufolge 127,2 Millionen Liter Erdöl. All dies lässt sich einsparen und so die Umwelt schonen! Zu beachten ist hier die Tatsache, dass nur die Obst-und Gemüsekategorie berechnet wurde! Ähnliche, noch viel größere Zahlenexperimente ließen sich mit den übrigen eingesparten Verpackungseinheiten (verbleibender Rest 247) errechnen. Betrachtet man nicht nur die Obst- und Gemüsekategorie, sondern alle Produktkategorien, so sparten wir 300 Verpackungseinheiten (VE) im Monat ein. Das entspricht 75 VE pro Kopf. Angenommen, alle Deutschen würden 75 Verpackungseinheiten pro Kopf und Monat einsparen, so wie wir in dem Experiment, so wäre das, aufs Jahr gerechnet, eine Einsparung von 900 Verpackungseinheiten pro Kopf und Jahr, das entspräche dann 72 Milliarden Hemdchentüten, sodass sich hieraus ein Tütenband mit einer Länge ergäbe, mit der man 450-mal den Äquator umwickeln könnte. Wahnsinn. Nur Deutschland. Nur privater Haushaltsmüll.

Hygiene und Putzmittel

Neben der Obst- und Gemüsekategorie stellt die Hygiene- und Putzmittelkategorie eine Gruppe mit vielen Artikeln dar, die zwar mit etwas Aufwand, aber dafür mit nicht geringem Sparpotenzial ganz erheblich zur Reduktion von Plastikverpackungen beitragen kann. Die Rezepte der von uns verwendeten, selbst hergestellten Reinigungs- und Hygieneprodukte sind im Anhang auf der Rezepteseite aufgeführt und nachlesbar.

Auf Müllbeutel aus Plastik kann im Prinzip jeder verzichten, wobei die Müllbehälter dann ausgewaschen werden müssen. Duschgel kann ganz unproblematisch durch ein Stück Seife ersetzt werden. Die von uns verwendete feste Haarseife oder das Stück Shampoo sind sehr ergiebig und in der Gesamtbilanz nicht teurer als Haarshampoo in der Plastikflasche. Unser selbst hergestelltes Putzmittel für Bad und WC ist sehr kostengünstig, sehr schnell herstellbar und spart Plastikverpackungen ein.

Haargel, Haarspülung und Haarkonditioner kaufe ich nicht mehr, da wir diese Produkte nicht mehr benötigen. Als Ersatz für Rasierschaum nehmen wir das normale Stück Seife, es funktioniert sehr gut.

Flüssigwaschmittel wird gar nicht mehr gekauft, stattdessen verwenden wir Pulverwaschmittel im Pappkarton. Zurzeit nehmen wir Waschpulver der Firma Frosch oder das von uns selbst hergestellte Waschmittel. Auf Weichspüler wird in der Zwischenzeit immer häufiger verzichtet, stattdessen kommt verdünnte Essigessenz zum Einsatz oder gar kein Wäscheweichadditiv. Feuchttücher oder Abschminkpads müssen nicht gekauft werden, denn unsere althergebrachten Waschlappen funktionieren hervorragend und werden nach Gebrauch bei 60° Celsius gewaschen. Sie sind aus reiner Baumwolle, kostengünstig zu erwerben und halten wirklich ewig. Erst kürzlich habe ich beim Möbeldiscounter Waschlappen für 1 Euro pro Stück gesehen. Zum Abschminken kann auch Olivenöl aus der Küche verwendet werden, wenn Seife im Gesicht nicht angewandt werden kann, welches dann mit dem Waschlappen abgenommen wird. Olivenöl eignet sich auch hervorragend, um die Haut einzucremen, sodass man auf Körperlotionen verzichten könnte. Papierservietten können durch Stoffservietten ersetzt werden.

Die praktische Küchenrolle aus Papier, die wir früher gerne und häufig eingesetzt haben, gibt es bei uns nicht mehr. Zunächst sind wir auf recycelte Altpapier-Kosmetiktücher aus dem Pappkarton umgestiegen, was schon sehr preisgünstig war. Diese können aber leider nicht kompostiert werden. Mittlerweile kaufen wir diese Tücher nicht mehr. Stattdessen verwenden wir waschbare Baumwolllappen, die dann in der Waschmaschine gewaschen werden. Falls doch mal zwingend ein Wischtuch aus Papier notwendig ist, benutzen wir das in Kapitel 3 *Wachstum, positiv betrachtet* beschriebene und kompostierbare Cradle-to-Cradle-zertifizierte Toilettenpapier, welches dann über den Kompost entsorgt wird, sodass überhaupt kein Müll diesbezüglich anfällt.

Edelstahlreiniger wurde früher benutzt, um beispielsweise unseren Kühlschrank von Fettfingern und Schmutz zu befreien. Heute nehmen wir solch einen Reiniger nicht mehr, stattdessen polieren wir die verschmutzten Flächen mit etwas Weizenkeimöl aus der Glasflasche. Das ebenso giftig riechende Backofenspray ist einer Paste aus Wasser, Natron, Essig und Salz gewichen, welche über Nacht einwirkt.

Für unsere Kaffeemaschine haben wir früher gebrauchsfertigen Entkalker für viel Geld in einer Plastikflasche gekauft. Das machen wir nicht mehr. Stattdessen nehmen wir Zitronensäure als Pulver in einer Pappverpackung. Dies ist sehr günstig und hält ewig. Leider ist die Papiertüte auf der Innenseite mit einer hauchdünnen Plastikschicht versehen. Vielleicht finden wir in Zukunft eine komplett plastikfreie Variante. Giftiger Rohrreiniger wird durch eine Lösung aus Natron und Essig ersetzt und nach Einwirken mit heißem Wasser nachgespült. Um die Scheibe des Kaminofens zu reinigen, benutzten wir früher speziellen Scheibenreiniger in der Plastiksprühflasche. Auch das gehört der Vergangenheit an. Wir feuchten das Cradle-to-Cradle-zertifizierte Toilettenpapier an, tunken dies in die Asche und säubern damit die Scheibe. Danach wird mit einem sauberen Toilettenpapier nachgewischt. Dies kann dann über den Gartenkompost entsorgt werden.

Als Klarspüler für die Geschirrspülmaschine fungiert jetzt eine verdünnte Essiglösung, welche in das Klarspülfach gegeben wird. Besteck und Geschirr sind einwandfrei sauber.

Die gebrauchsfertige Mundspüllösung aus der Plastikflasche ist jetzt einem Konzentrat in der Glasflasche gewichen. Handspülmittel haben wir selber hergestellt, es konnte uns allerdings nicht überzeugen. Somit füllen wir häufig, nicht immer, unser Handspülmittel im Unverpackt-Laden in die alte Handspülflasche ab. Auch das hält ewig, da wir ja einen Geschirrspüler haben. Insgesamt ist die Geldersparnis in dieser Gruppe hoch.

Produkte, die gar nicht mehr gekauft werden

Im Laufe der Zeit stellte sich heraus, dass wir bestimmte Produkte gar nicht mehr kauften oder benutzten, entweder um bewusst Müll zu reduzieren oder weil wir das entsprechende Produkt nicht mehr brauchten oder Ersatz finden konnten. Die folgende Aufzählung soll ein paar Beispiele liefern, wie es gehen könnte, und vielleicht ein bisschen Lust machen, einfach mal aus dem gewohnten Korridor herauszutreten.

Alufolie: Wir verwenden Butterbrotpapier zum Einwickeln, eine Stoffserviette geht auch sehr gut oder ein Gefäß wie beispielsweise eine Brotdose. Tatsächlich haben wir noch eine Rolle Alufolie in unserer Schublade, die einfach keinen Einsatz mehr findet.

Frischhaltefolie: Für den Kühlschrankbereich decken wir die entsprechende Schüssel mit einem passenden Teller ab oder verwenden eine verschließbare Vorratsdose. Ausrangierte Glasgefäße mit Schraubverschluss eignen sich hervorragend.

Dekoartikel und Modeschmuck: Ich kaufe keine Artikel dieser Kategorie mehr ein, und an diesem Entschluss halte ich fest. Beim Aussortieren zu Hause haben wir festgestellt, dass wir in der Regel genug Dekoartikel und Modeschmuck haben, die schon Staub angesetzt haben. Teilweise wusste ich gar nicht mehr, dass wir diesen oder jenen Gegenstand besaßen.

Keine Internetbestellung: Schön ist es, lokal beim Geschäft um die Ecke einzukaufen. Klappt nicht immer, aber sehr häufig.

Müsliriegel: Wir verwenden ein Rezept, um Müsliriegel selber herzustellen, das ganz leicht und schnell umzusetzen ist.

Geschenkpapier: Bei uns ist erstaunlicherweise immer noch genügend Geschenkpapier vorhanden, ansonsten kann man mit Zeitungspapier verpacken oder mit selbstgestaltetem Papier oder einfach ohne Geschenkpapier, bloß mit Schleife. Kleinigkeiten kann man auch in einem ehemaligen Marmeladenglas verschenken. Schon häufiger haben wir die schokolierten Köstlichkeiten des Unverpackt-Ladens in einem ausrangierten Glasgefäß, das besonders formschön war, als Mitbringsel verschenkt.

Weißes Papier, welches nicht Altpapier ist, wird durch Cradle-to-Cradle-zertifiziertes Recyclingpapier der Firma Canon ersetzt.

Souvenirs: Wir Erwachsene wollen Souvenirs nicht mehr kaufen. Heranwachsende oder Mitbewohner sehen dies unter Umständen anders.

Teelichter in Aluhalterung: Seit unserem Experiment haben wir keine neuen Teelichter mehr gekauft, es sind aber trotzdem noch einige eines alten 100er-Pakets vorhanden. Stattdessen haben wir handgezogene Bienenwachskerzen auf dem Weihnachtsmarkt gekauft oder selber kleine Teelichtkerzen aus Bienenwachs hergestellt, die dann im Glasteelichtbehälter brennen konnten. In Drogeriemärkten werden in der Vorweihnachtszeit Baumkerzen aus 100 Prozent Bienenwachs verkauft. Die Baumkerzen nehmen wir auch für unsere große Pyramide. In der Zeit vor unserer Herausforderung hatten wir uns keine Gedanken über eventuelle Umweltbelastungen durch Kerzen gemacht. Die Internetseite Ökotest.de verweist auf die Umweltprobleme herkömmlicher Kerzen, Teelichter und Teelichterhalterungen aus Aluminium und gibt Alternativvorschläge.[71]

Unsere Problemprodukte

Gelingt es uns immer noch, (fast) Zero Waste zu leben? Was ist nach unserem Experiment im Alltag eigentlich übrig geblieben? In der folgenden Tabelle sind unsere Problemprodukte aufgeführt.

Produkt	jetzt	Kommentar
Käse	mit Verpackung	Mittlerweile kaufen wir unsere Käsesorten wieder mit Plastikverpackung. An der Theke muss man immer um das Abschneiden vom großen Stück bitten und die Diskussion bezüglich des mitgebrachten Gefäßes aushalten. Irgendwann fing es an zu nerven. Es wurde uns zu umständlich.
Kaffeebohnen	mit Verpackung	Der Biokaffee im Supermarkt ist halb so teuer wie derjenige im Unverpackt-Laden. Das erschien uns nicht verhältnismäßig.
Süßigkeiten	ohne Verpackung/ mit Verpackung	Die Gummibärchen aus dem Unverpackt-Laden schmecken hervorragend, deshalb kaufen wir sie weiterhin. Auch die schokolierten Köstlichkeiten sind hervorragend. Allerdings sind bei uns noch weitere Süßigkeiten beliebt, die es im Unverpackt-Laden nicht gibt. Die Mehrheit der Süßigkeiten, die wir kaufen, ist leider in Plastik eingepackt.

Produkt	jetzt	Kommentar
Trinkkakao-pulver	mit Verpackung	Der Trinkkakao ohne Verpackung schmeckt uns nicht so gut wie der mit Verpackung. Da das Wegwerfgefäß recht groß ist, reicht der Kakao ewig, es fällt diesbezüglich eher wenig Verpackungsmüll an.
Gebäck	Bäcker/ selber machen/ mit Verpackung	Nicht immer ist die Zeit, Gebäck selber zu machen. Oder beim Bäcker gibt es gerade keine Plätzchen. Dann wird auch mit Verpackung gekauft.
Zahnpasta	mit Verpackung	Wir bleiben bei unserer herkömmlichen Zahnpasta, weil uns die Alternativen nicht zusagten.
Zahn-bürsten	Holz- und herkömmliche Zahnbürste	Drei Familienmitglieder benutzen jetzt wieder Plastikzahnbürsten, ein Mitglied ist bei der Holzzahnbürste geblieben.
Haarspray Lippenstift Wimpern-tusche	herkömmlich	Es müssen noch Variante gefunden werden.
Weichspüler	weggelassen/ herkömmlich/ Essig	Häufig bedarf es gar keines Weichspülers. Ansonsten verwenden wir die Essigvariante. Ganz selten nehmen wir herkömmlichen Weichspüler für besondere Wäscheteile.
Mozzarella, Chips, vegetarische Schinken-wurst etc.	mit Verpackung	Während unseres Experiments haben wir auf diese Produkte verzichtet. Da bisher keine plastikfreie Alternative gefunden wurde, wird die herkömmliche Variante gekauft.

Interessanterweise sind sehr viele Einkaufs- und Tätigkeitsveränderungen in Bezug auf Vermeidung von Plastikmüll bei uns Erwachsenen geblieben. Das war überraschend. An einigen Stellen könnte man weiter ausprobieren und das Einkaufsverhalten optimieren. Im Großen und Ganzen bin ich aber mit dieser recht kurzen Problemliste zufrieden. Wir können sehr viel an Wegwerfmüll mittels für uns recht einfach umzusetzender Einkaufstätigkeiten oder Herstellungspraktiken vermeiden. Das ergibt für mich Sinn, es ist eingeübt und optimiert worden. Wir konnten zwar dauerhaft kein absolutes Zero Waste bei uns etablieren, jedoch einen sehr großen Anteil an verändertem Verhalten und Denkmustern. Less Waste ist zumindest für uns machbar. In der folgenden Liste habe ich kurz zusammengefasst, welche Strategien zur Müllreduktion dauerhaft geblieben sind:

a) Soda-Stream
b) alle Getränke in Glaspfandflaschen
c) Obst-und Gemüse ohne Verpackung
d) alle Reiniger selber hergestellt
e) Stück Seife
f) Deocreme im Glas
g) keine Müllbeutel mehr
h) Milch, Joghurt, Frischkäse im Pfandglas
i) wenn Produkt in Plastik oder Glas, dann immer Glasvariante
j) keine Alufolie, keine Frischhaltefolie, keine Souvenirs, kein weißes Papier, keine Werbung
k) Cradle-to-Cradle-zertifiziertes Toilettenpapier, kompostierbar, deshalb auch in Küche
l) Geschirrspültabs ohne Wegwerffolie

Zusätzliche Veränderungen

Der Garten wurde mit Kräutern, Salaten und anderen essbaren Pflanzen aufgestockt. Jungpflanzen können auf dem Wochenmarkt gekauft werden, um den Plastiktopf zu sparen. Meistens werden die Samen jedoch selber ausgesät. Es wird häufiger frisch gekocht.

Selbsthergestelltes Petersilienpesto, Kuchen aus eigener Herstellung und Pizza mit frischer Hefe und frischem Belag schmecken mir besser als die gekauften Fabrikvarianten. Die Säfte aus den Pfandglasflaschen sind eine Bereicherung und werden sehr geschätzt. Joghurt aus dem Pfandglas haben wir früher in verschiedenen Geschmacksvariationen gekauft. Mittlerweile wird häufiger naturbelassener Joghurt gekauft, der dann mit Obst oder Rosinen ergänzt wird. Kaltes Leitungswasser erfrischt wunderbar.

Da weniger und bewusster eingekauft wird, ist der Kühlschrank jetzt viel übersichtlicher. Es passiert seltener, dass Nahrungsmittel verderben.

Unser Fazit: Am Anfang unseres Experiments erschien es uns sehr schwer, Produkte ohne Wegwerfplastik zu finden. Mittlerweile haben wir aber einen Blick dafür entwickelt und sehen gleich, was in den Einkaufswagen darf und was nicht. Das Angebot ist eingeschränkt. Man hat nicht mehr so häufig die Qual der Wahl, und der Einkauf geht schneller vonstatten. Insgesamt ist es absolut machbar, einen wirklich sehr großen Anteil an Plastikwegwerfmüll unter leichtem Verzicht einzusparen. Unsere gelbe Tonne war in der Tat leer. Für diesen Prozess kann man sich ja viel Zeit nehmen und Schritt für Schritt sein Einkaufsverhalten überprüfen und dann verändern, wenn man möchte.

Ich habe unsere Erfahrungen gebündelt und gebe hier eine Art Leitfaden oder Wegweiser an die Hand, wie man sich solch einem Projekt auf einfache Art und Weise nähern könnte.

Anleitung

Der Faktor Zeit könnte bei dem Vorhaben limitierend sein. Ich stelle mir die Frage, ob ich gerade zu Beginn mehr Zeit investieren möchte. Wenn die Antwort Nein lautet, brauche ich nicht weiterzulesen.

Geht man durch die Supermärkte und hält Ausschau nach plastikverpackungsfreien Produkten, wird man sehr schnell ernüchtert. Überall Plastik, es stellt sich die Frage, was man überhaupt noch kaufen kann. Ein plastikfreier Einkauf könnte schwierig werden. Man muss nach Lösungen suchen, was natürlich eine gewisse Zeitinvestition bedeutet.

Wenn Familienmitglieder, besonders jüngere, anwesend sind, sollten diese auf jeden Fall mit in das Projekt involviert werden und einverstanden sein, ansonsten könnte es schwierig werden, da ja letztlich einige Produkte nicht mehr gekauft werden können. Am besten, man setzt sich zusammen und spricht über das Vorhaben. Man muss sich klar darüber sein, dass die Discounter eigentlich nur noch eingeschränkt aufgesucht werden können und in der Regel mehrere Einkaufsläden angesteuert werden müssen. Eine gute Planung im Vorfeld erleichtert einiges. Nicht verzweifeln sollte man, falls Pubertierende im Haushalt leben. Sie haben unter Umständen ein eigenes Einkaufsverhalten, das sich vom plastikfreien Verhalten der Erwachsenen unterscheiden kann. »Ruhig bleiben und weitermachen« ist hier jetzt die Devise. Im günstigsten Fall kommt es zu Diskussionen und Gesprächen, was für das Familienleben durchaus positiv sein kann.

Ich fange jetzt und sofort an, ohne lange Listen oder Ähnliches zu formulieren. Mein Tipp: Ich fange mit den einfachsten Dingen an, um auf Verpackungsmüll zu verzichten. Erfolgserlebnisse, Handlungen und die Freude über sich selber geben dann genug Motivation weiterzumachen. Perfekt muss niemand sein. Beherzigen sollte man Folgendes: Ich stelle die einmal getroffene Entscheidung nicht infrage!

Hier ist die Liste mit den einfachsten Dingen. Ich persönlich glaube sehr an die Macht der kleinen Schritte. Innerhalb von zwei Wochen kann man sich an jedem Tag einem dieser einfachen Produkte zuwenden, ohne das Gefühl der Überforderung zu bekommen. So lässt sich Stück für Stück die Liste innerhalb von 14 Tagen abarbeiten, tagtäglich ein Aha-Effekt. Die Motivation bleibt erhalten. Dies sind natürlich alles nur Vorschläge und können individuell auch verändert werden.

Tag 1. Getränke: Freitag

Ab sofort kaufe ich keine Getränke in Plastikflaschen oder Tetrapaks mehr ein. Wasser, Säfte, Bier, Softdrinks oder andere Getränke werden wochenweise oder alle zwei Wochen im Getränkemarkt oder anderen Verkaufsstellen in Glaspfandflaschen gekauft.

Leitungswasser als Alternative wird etabliert. Hilfreich für die Umgewöhnung ist das geschickte Platzieren einer bereits gefüllten Glaskaraffe, beispielsweise mit ein paar frischen Minzblättern. Das erhöht die Lust, mehr Leitungswasser zu trinken, definitiv, sowohl bei Erwachsenen als auch bei Kindern. Für mich persönlich ist es jetzt kaum noch vorstellbar, Wasser mit Kohlensäure zu trinken. Früher war es genau umgekehrt.

Die Umstellung auf Leitungswasser war bei uns absolut unproblematisch. Eine Pfefferminzpflanze auf dem Fensterbrett hält sich ewig und bedarf keiner besonderen Pflege. Da Leitungswasser unschlagbar günstig ist, ist die Kostenersparnis hier wirklich relevant.

Schaut man sich in den Getränkemärkten oder Supermärkten um, stellt man fest, dass sich bei der Getränkekategorie Bier die Plastikflasche nicht so richtig durchgesetzt hat. In den Regalen finden sich viel mehr Glas- als Plastikflaschen. Anders verhält es sich bei Wasser, Cola, Limonade, Sprudel und Saft. Hier dominieren die Plastikverpackungen oder Tetrapaks gegenüber den Glasflaschen. Wein wird vorwiegend in Glasflaschen angeboten. Gelegentlich finden sich auch in Kartonage verpackte Plastikweinschläuche, die sich glücklicherweise nicht so wirklich durchgesetzt haben.

Tag 2. Milch: Samstag

Milch gibt es in Glaspfandflaschen bei Rewe, bestimmten anderen Supermärkten oder im Bioladen. Ein kleiner Konsumladen hat dies auch. An manchen Verkaufsstellen kann man sich Milch selber zapfen. Wir verbrauchen als Familie ungefähr vier bis fünf Liter Milch in der Woche, das Leergut kann von uns aufgrund der geringen Flaschenanzahl mit dem Fahrrad oder zu Fuß zurücktransportiert werden.

Tag 3. Müllentsorgung: Sonntag
Ich benutze keine Plastikmülltüten mehr, weder für Verpackung-, noch Rest- oder Biomüll. Im Idealfall habe ich einen Kompost im Garten, um den Biomüll zu entsorgen und neue Gartenerde zu gewinnen. Der Biomüll könnte somit zu 100 Prozent gewinnbringend eingesetzt werden.

Für den Verpackungsmüll ist es absolut nicht notwendig, eine Plastikverpackung zu verwenden.

Der verbleibende Restmüll kann in alten, aufbewahrten Papiertüten vom Bäcker entsorgt werden oder ebenfalls am besten ganz ohne Verpackung. Der Mülleimer muss dann eben mal ausgewaschen werden. Der Restmüll wird in Müllverbrennungsanlagen entsorgt. Je weniger Restmüll entsteht, desto weniger muss verbrannt werden und desto weniger giftige Filterstäube und bedenkliche Schlacke entstehen, die dann deponiert werden müssen. Restmüll sollte demzufolge, so gut es geht, minimiert, am besten eliminiert werden, weil die Verbrennung letztlich die schlechteste Entsorgung darstellt. Ressourcen gehen unwiederbringlich über den Restmüll verloren.

Noch ein zusätzlicher Gedanke: Es ist schon irgendwie paradox, wenn wir unseren Müll nochmals in Plastik verpacken, um ihn dann zu entsorgen. Eigentlich ist es ja nur die Bequemlichkeit. Mülleimer auf, Mülltüte rein, wenn voll, dann Mülltüte zu und raus zur Mülltonne. Alles bleibt schön sauber, sowohl der Mülleimer als auch die Hände. Hier muss man sich wirklich die Frage stellen, ob man diese kleine Unbequemlichkeit in Kauf nehmen will oder nicht. Ich könnte mir vorstellen, dass viele Menschen aufgrund der Hygiene lieber nicht auf die Plastikverpackung des Mülls verzichten möchten. Wir haben auf Plastikmülltüten während unseres Experiments in toto verzichtet, und nach wie vor, auch heute noch, wird keine Mülltüte aus Plastik verwendet. Wir haben uns daran gewöhnt und Geld gespart. Alte Gewohnheiten sind manchmal hinderlich, neue Erfahrungen zu machen. Ein Versuch über einen längeren Zeitraum ist es aber allemal wert, ausprobiert zu werden.

Tag 4. Geschirrspültabs, Klarspüler, Badreiniger: Montag

Falls eine Geschirrspülmaschine im Haushalt vorhanden ist, nehme ich Geschirrspültabs, welche in einer sich auflösenden Folie verpackt sind, um unnötiges Plastikverpackungsmaterial zu vermeiden. Wir nehmen die Tabs Denk mit nature mit dem Blauen Engel von dm. Das Geschirr wird wunderbar sauber. Das Umweltzeichen Blauer Engel garantiert, dass das Korrosionsschutzmittel und Umweltgift Benzotriazol, welches bei vielen anderen Tabs eingesetzt wird, bei diesem Geschirrmaschinenreiniger nicht enthalten ist.[72] Als Klarspüler verwende ich verdünnte Essigessenz.

Unsere Putzmittel stellen wir selber her. Eine alte ausgediente Sprühflasche mit funktionierendem Sprühkopf dient als Behälter. Mittlerweile verzichten wir auf zusätzliche Duftstoffe, weil es auch ohne geht. Der Reiniger kostet so gut wie nichts, ist im Handumdrehen herzustellen und macht seit Jahren Bad, Waschbecken, Dusche und Toilette hervorragend sauber.

Tag 5. Obst und Gemüse: Dienstag

Alles an Obst und Gemüse kaufe ich fortan stets ohne Verpackung, kein Netz, keine Tüte, keine Folie, keine Plastikhülle. In dieser Kategorie muss man sich ein bisschen vom Angebot leiten lassen. Falls das eine oder andere Produkt nicht plastikverpackungsfrei zu haben sein sollte, nehme ich ein anderes oder weiche auf einen anderen Laden aus. Diese Kategorie lässt sich, von uns jedenfalls, absolut unproblematisch ohne Verpackungsmüll einkaufen. Beim Gemüseladen um die Ecke bekommt man fast alle Produkte ohne Verpackung, ebenso beim Biomarkt oder auf dem Markt. Zum Abfüllen nimmt man seine eigenen mitgebrachten Beutel oder Tüten oder gar kein Behältnis. Dies funktioniert auch auf dem Wochenmarkt oder bei einigen Supermärkten. Gelegentlich gibt es auch Verpackungen aus Pappe oder Papier, was aber meiner Meinung nach nicht erforderlich ist.

Mittlerweile reagieren auch die Supermärkte auf das Plastikproblem, indem einige Obst-und Gemüsesorten nur noch mit einem Aufkleber versehen werden, so beispielsweise die Salatgurke, die zuvor noch in Plastikfolie eingeschweißt wurde. Das ist eine in meinen Augen erfreuliche Entwicklung, aber sicher noch viel zu wenig, um die Plastikverschwendung einzudämmen. Erst kürzlich habe ich bei Rewe mal durchgezählt. 18 verschiedene Tomatengruppen wurden angeboten, teils mit Rispe, teils ohne Rispe, Cocktail- und Kirschtomaten. Zehn Tomatengruppen waren in Plastik eingepackt, fünf Tomatengruppen wurden mit Pappverpackung zum Verkauf angeboten, und lediglich dreimal gab es die komplett unverpackte Variante. Aber immerhin, man konnte unverpackte Tomaten kaufen. Foodwatch.org moniert: »Gerade einmal rund vier Prozent des verkauften Obsts und Gemüses bleibt am Ende unverpackt.«[57]

Tag 6. Duschgel, Flüssigseife, Rasierschaum, Haarshampoo: Mittwoch

Ich ersetze ein Duschgel oder flüssige Seife durch ein Stück Festseife. Dusche und Waschbecken werden so bestückt. Eventuell auch für die Küchenspüle, wenn es mal mit dem Händewaschen schnell gehen soll.

Wir waschen unsere Hände schon seit Jahren mit Stückseife, ebenso wird der Körper unter der Dusche mit Stückseife gereinigt. Diverse Seifen haben wir ausprobiert, Aleppo-Seife mit Lorbeer, handgefertigte Seife vom Mittelaltermarkt, Industrieseife, parfümierte und unparfümierte, Kernseife. Das Sortiment ist riesengroß. Alle verwendeten Stückseifen funktionierten einwandfrei. Für Eltern mit Pubertierenden gilt es, den Heranwachsenden ihr eigenes Duschgel, falls wirklich unverzichtbar, zu belassen und trotzdem auf die plastikfreie Variante aufmerksam zu machen. Gleiches gilt natürlich für Wohngemeinschaften.

Viele Produkte, gerade für Männer, werden in schwarzer Plastikverpackung angeboten. In der Müllsortieranlage wird das schwarze Plastik nicht vom Sortierlaser erkannt und landet somit nicht auf dem Berg der recycelfähigen Plastiken, sondern in der Verbrennungsanlage. Deshalb sollte man besser kein schwarzes Plastik verwenden. Seife dient auch als Ersatz für Rasierschaum.

Beim Ersatz des üblichen Haarshampoos in der Plastikflasche wurde und wird immer noch ausprobiert. Diverse feste Haarseifen wurden von uns getestet, mit und ohne kalte Rinse, um die herkömmliche Plastikflasche des Shampoos zu vermeiden. Im Allgemeinen sind die Haarseifen sehr ergiebig. Letztlich fand leider keine einzige Haarseife dauerhaft den Weg zu uns. Ausprobiert wurde auch das Waschen der Haare mit Roggenmehl oder Natron. Auch das konnte sich bei uns nicht durchsetzen. Schließlich haben wir festes Shampoo in Stückform von der Firma Garnier geschenkt bekommen, welches zurzeit bei uns in Testung ist. Im Vergleich zu den zuvor probierten Haarseifen ist dieses feste Shampoo besser, es schäumt angenehm, die Haare sind gut kämmbar und nicht so rau wie bei den Haarseifen. Dies ist bisher die beste feste Variante ohne Plastik. Im Supermarkt haben wir erst kürzlich festes Shampoo von der Firma Schauma entdeckt. Dabei soll ein Stück zwei Plastikflaschen ersetzen. Dies soll demnächst ausprobiert werden.

Tag 7. Küchenrolle, Putzlappen, Abschminkpads: Donnerstag

Ich verzichte auf Wegwerfreinigungstücher und Einmallappen. Stattdessen werden die vorhandenen Putzlappen aus Baumwolle in die Waschmaschine gegeben und bei 60° Celsius mit der anderen Wäsche mitgewaschen.

Das Gesicht kann wunderbar mit dem üblichen, vielleicht etwas unmodern gewordenen Waschlappen und etwas Seife abgeschminkt und gesäubert werden. Wenn Seife eventuell aus bestimmten Gründen nicht benutzt werden kann, hilft auch etwas Olivenöl aus der Küche beim Abschminken.

Unsere Waschlappen aus Baumwolle halten ewig und sind ständig im Einsatz.

Vor unserem Experiment war es bei uns absolut üblich, Küchenrolle und Wegwerflappen zum Säubern zu verwenden. Einmal benutzt und dann über den Müll entsorgt. Eigentlich hatten wir uns überhaupt keine Gedanken gemacht, dass auch dieses Verhalten Restmüll produziert, den man effektiv einsparen könnte. Als Putzlappen nehmen wir Baumwolltücher. Bisher verlief diese Umstellung absolut unproblematisch. Die Putzschwämmchen mit einer glatten und einer rauen Seite, die wir früher achtlos weggeworfen haben, werden jetzt ebenfalls in die Wäsche gegeben. Letztendlich ist ihre Lebensdauer auf ungefähr ein Jahr begrenzt. Mit der Zeit nutzt sich die raue Seite etwas ab, danach mussten sie ersetzt werden. Aber immerhin kann man die Putzschwämmchen ein ganzes Jahr lang benutzen. Allerdings gelangen dann kleinere Bestandteile ins Abwasser, so entsteht Makro- und vielleicht auch Mikroplastik, das wir produzieren. Das sollte natürlich nicht sein. Als unser zuvor großer Vorrat an Putzschwämmchen nun aufgebraucht war, nahmen wir Luffaschwämmchen. Sie sind ein Naturprodukt, waschbar und letztlich über den Kompost entsorgbar. Diese Schwämmchen haben jedoch nicht den dauerhaften Einzug in unseren Haushalt gehalten. Häufig kommen bei uns kleine Bürsten aus Holz zum Einsatz.

Tag 8. Waschmittel und Weichspüler: Freitag

Auch bei der Herstellung von Waschmitteln waren wir experimentierfreudig. Ausprobiert haben wir einen Sud aus Efeublättern, wonach die Wäsche ein bisschen modrig roch. Auch Birkenblätter und gesammelte Kastanien haben wir getestet. Davon ist aber nichts wirklich bei uns zu Hause etabliert worden.

Nach Verbrauch des eventuell vorhandenen Flüssigwaschmittels verwende ich Waschmittel in Pulverform aus dem Pappkarton, um die Plastikverpackung zu vermeiden. Die Umstellung ist ganz einfach, da ich in jeder von mir besuchten Verkaufsstelle Pulverwaschmittel finden konnte. Wir verwenden zurzeit Pulverwaschmittel von Frosch.

Leider ist es schon vorgekommen, dass Pulverwaschmittel nochmals in einer Plastikummantelung verpackt war. Hier muss man den Karton ein bisschen schütteln, um herauszuhören, ob es plastikfrei ist oder nicht.

Zuletzt habe ich von Mikroplastik in Pulverwaschmitteln gehört. Mit dieser Thematik muss ich mich noch eingehender beschäftigen.

Wenn viel Zeit vorhanden sein sollte, kann ich mich auch an das eigene Herstellen von Waschmittel heranwagen. Mehr dazu auf der Rezepteseite im Anhang. Das selbsthergestellte Waschmittel kostet im Vergleich zum käuflichen fast gar nichts. Da aber die Herstellung etwas Zeit in Anspruch nimmt, wechseln wir zwischen gekauftem Pulverwaschmittel und dem Selbsthergestellten immer mal wieder hin und her, je nachdem, wie viel Zeit und Lust gerade vorhanden sind.

Der Weichspüler aus dem Unverpackt-Laden gefiel uns nicht. Deshalb sind wir zwischenzeitlich wieder auf herkömmlichen Weichspüler in der Plastikflasche umgestiegen. Damit ist aber automatisch der Kauf einer Plastikflasche verbunden, was uns dann doch wieder sehr störte. Zurzeit benutzen wir, falls überhaupt noch notwendig, Essig als Weichspüler. Die Wäsche riecht nicht nach Essig, sie riecht neutral. Wenn man möchte, kann man natürlich ein paar Tropfen ätherische Öle in das Weichspülfach geben. Das haben wir am Anfang unserer Experimentierzeit gemacht. Mittlerweile benutzen wir überhaupt keine ätherischen Öle. Wir vermissen keinen Geruch mehr. Die Essigvariante als Weichspüler ist ökologisch und extrem kostengünstig.

Tag 9. Alternativprodukte: Samstag

Diejenigen Produkte, die es sowohl in Plastikverpackung als auch als Glasvariante gibt, werden geprüft. Ich entscheide mich immer für die Glasvariante. Dazu gehören Lebensmittel wie Marmelade, Ketchup, Senf, Soßen, Brat- und Salatöl, Dressings, vegetarischer oder tierischer Aufstrich, Apfelmus, Wein, Essig, Mayonnaise, konserviertes Obst oder Gemüse, Frischkäse. Bei diesen Produkten muss ich ein wenig schauen, welcher Supermarkt die Produkte anbietet. Joghurt und Quark werden im Pfandglas gekauft.

Nach dem Verzehr des Inhalts werden die Gläser ausgespült und weiterverwendet, beispielsweise für selbstgemachte Gelees, als Aufbewahrungsbehälter, als Trinkgläser oder zum Einfrieren von Lebensmitteln.

Glas kann man unendlich wiederverwenden. Aus Altglas kann immer wieder ohne Qualitätsverluste ein anderes Glas werden.[73] Das erfreuliche Moment an Glas ist die Tatsache, dass Glas keine Chemikalien oder unappetitlichen Stoffe an das Lebensmittel abgeben kann. Somit ist man diesbezüglich immer auf der sicheren Seite.

Diejenigen Produkte, die es sowohl in einer Plastikverpackung als auch in einer Papp- bzw. Papierverpackung gibt, werden geprüft. Ich entscheide mich immer für die Pappvariante. Dazu gehören die bei uns sehr beliebten Nudeln der Firma Barilla. Semmelbrösel werden ebenfalls sowohl in Plastik als auch in einer Pappverpackung angeboten.

Tag 10. Edelstahlreiniger: Sonntag

Ich verzichte auf Edelstahlreiniger. Fettfingerabdrücke am Kühlschrank und am Wasserkocher werden mit etwas Weizenkeimöl aus der Glasflasche wegpoliert. Das spart nicht nur die Plastikflasche, sondern vor allem auch den Einsatz von Chemikalien.

Tag 11. Taschentücher: Montag

Ich benutze Stofftaschentücher, die in der Waschmaschine gewaschen werden. Alternativ benutze ich das Cradle-to-Cradle-zertifizierte Toilettenpapier Satino-Black (siehe Kapitel 3 *Wachstum, positiv betrachtet*), welches dann über den Kompost entsorgt werden kann.

Tag 12. Zahnbürsten und Zahnpasta: Dienstag

Wenn die gerade in Benutzung befindlichen herkömmlichen Zahnbürsten ersetzt werden müssen, greife ich auf solche aus Holz zurück. Mittlerweile sind sie in Bioläden, Unverpackt-Läden und in den gängigen Drogeriemärkten erhältlich. Bei der Entsorgung dieser hölzernen Varianten ist zu klären, ob der Bürstenkopf über den Kompost oder den Biomüll entsorgt werden kann. Es gibt diesbezüglich unterschiedliche Varianten. Hier muss man nachlesen und gegebenenfalls den Bürstenkopf abbrechen und gesondert über den Restmüll entsorgen.

In der Zahnpastakategorie haben wir recht viel experimentiert. Die Zahnputztabletten vom Unverpackt-Laden oder aus der Drogerie konnten uns nicht überzeugen, die angebotenen Pulverzahnpasten auch nicht. So haben wir mit Xylit, also Birkenzucker, und Kokosfett eine Paste angerührt. Dauerhaft jedoch war das Ergebnis für uns nicht überzeugend. Trotzdem möchte ich hier auf diese Variante aufmerksam machen, da sie eventuell für andere eine Alternative darstellen könnte. Mit Asche die Zähne zu putzen, hat nur ein einziges Familienmitglied ausprobiert und als für nicht tolerabel erachtet. Als weitere Variante wurde pures Natron ausgetestet. Auf die Dauer hat sich dies nicht durchgesetzt. Schlussendlich haben wir feststellen müssen, dass unsere althergebrachte Tubenzahnpasta die beste Variante für uns alle ist. So bleibt uns immer noch Plastikverpackung und der damit einhergehende Müll erhalten. So ist es dann wohl.

Tag 13. Einwegrasierer: Mittwoch

Sollte der Vorrat an Wegwerfrasierern aufgebraucht sein, schaffe ich mir einen Handrasierer aus Edelstahl an. Unser Vorrat an Einwegrasierern war tatsächlich so groß, dass wir immer noch Exemplare vorrätig haben. Jetzt zeichnet sich aber allmählich ein Ende ab, und der Kauf eines Handrasierers aus Edelstahl kann demnächst in Angriff genommen werden.

Tag 14. Ceranfeldreiniger und Backofenspray: Donnerstag
Beide herkömmlichen Reiniger werden nicht mehr verwendet. Stattdessen wird eine dickflüssige Paste aus Wasser, Natron, Essig und Salz hergestellt und über Nacht die entsprechenden Stellen eingeweicht. Auch hier ist die Vermeidung von überflüssigen und giftigen Chemikalien ein angenehmer Nebeneffekt. Alternativ kann auch ein Geschirrspültab in Wasser aufgelöst werden, um die Verunreinigungen zu beseitigen.

Habe ich erst einmal die Liste der am einfachsten umzustellenden Produkte abgearbeitet und im Alltag verankert, ist schon sehr viel an Plastikersparnis in recht kleinen Schritten Tag für Tag erreicht worden. Falls vor Ort ein Unverpackt-Laden erreichbar ist, nutze ich den zusätzlichen 15. Tag.

Jetzt benötige ich etwas Zeit. Ich finde heraus, wo sich der nächste Unverpackt-Laden in meiner Nähe befindet. Dazu kann man eine einfache Internetsuche durchführen. Ich nehme fünf bis zehn leere Gefäße zum Befüllen mit und mache mich auf den Weg. Bestimmte Haushaltswaren und Lebensmittelprodukte konnten wir einzig im Unverpackt-Laden ohne Plastikverpackung kaufen. Seit 2014 eröffnen überall in Deutschland Geschäfte, in denen man ohne Plastikverpackung einkaufen kann. Aber auch weltweit findet man Geschäfte, die sich der Vermeidung von Verpackung angenommen haben, beispielsweise in den USA, Australien, England, Frankreich, Indien und auf den Philippinen. Zero Waste und die Verschmutzung durch Plastik waren – bis Corona kam – in aller Munde. Neben Marie Delaperrière aus Kiel ist Milena Glimbovski, die in Berlin den ersten Laden ohne Plastikverpackung über ein Crowdfunding eröffnet hat, eine weitere Vorreiterin für die Zero-Waste-Bewegung in Deutschland. 2017 erschien ihr sehr lesenswertes und unterhaltsames Buch *Ohne Wenn und Abfall. Wie ich dem Verpackungswahn entkam*, welches ich jedem Zero-Waste-Fan empfehlen kann.[74] Mittlerweile findet man über das ganze Bundesgebiet verteilt Läden, in denen man seine eigene Verpackung in

Form von Gläsern, Flaschen oder Stoffbeuteln mitbringt und im Laden dann aus Vorratsbehältern die entsprechenden Produkte abfüllen kann. So entdeckten wir dort unverpacktes Toilettenpapier, welches wir ansonsten nirgendwo finden konnten. Eine im Glastiegel abgefüllte Deocreme sorgt nach wie vor für angenehmen Duft unter den Achseln, Haarshampoo und Handspülmittel werden einfach abgezapft, Linsen und Reis nehmen wir in Stoffbeuteln oder ehemaligen Gurkengläsern mit nach Hause. Möglich ist auch der Einkauf von Allesreinigern, flüssiger Handseife, Geschirrreiniger, Waschmittel, Gummibärchen, Obst und Gemüse, Marmeladen, Suppen und vieler anderer Produkte.

Fazit

Vieles ist geblieben, manches wurde verworfen. Müllbeutel, Frischhaltefolie und viele andere Produkte werden nicht mehr gekauft, weil wir in der Praxis gesehen haben, dass es für uns plastikfrei machbar ist. Pfandflaschen und Pfandgläser werden jetzt wie selbstverständlich gekauft, Obst und Gemüse (fast) immer ohne Verpackung. Hygieneartikel und Reinigungsmittel sind unproblematisch. Vieles geht, einiges auch nicht, auch nicht immer. Man muss nicht perfekt sein. Weniger Verpackungsmüll zu verursachen, verschafft uns auf jeden Fall ein gutes Gefühl. Es wäre schön, wenn die Politik die Verbraucher und Verbraucherinnen unterstützen würde, damit Reduktion des Mülls nicht ein Privatvergnügen bleibt. Denn das ist es zweifelsohne. 50 Anregungen zur Müllreduktion im Privaten finden sich im Anhang unter dem Titel *Fifty ways to leave your waste* als Kurzfassung.

Einhergehend mit der freiwillig auferlegten Müllreduktion, stellte sich immer wieder die Frage, ob wir dieses oder jenes Produkt wirklich brauchen. Ganz zwangsläufig denkt man über Kaufen, Konsum, Wachstum und die damit verbundenen Probleme nach. Man hört es ja überall, dass wir Wachstum brauchen. Wenn denn immer mehr Wirtschaftswachstum auch ein Mehr an Müll bedeutet, ergeben sich Fragen. Was ist zu diesem Thema eigentlich publiziert? Wird darüber gesellschaftlich auf breiter Basis diskutiert? Warum weiß ich so wenig darüber?

Somit komme ich zum dritten Kapitel.

Kapitel 3

Von der Notwendigkeit, ein gesellschaftliches Bild zu entwickeln: der *Donut* als Ziel des *buen vivir*?

Ich halte es angesichts der erdrückenden Müllsituation und der damit verbundenen Umweltschädigung für notwendig, einen Überblick über das Thema Wirtschaftswachstum zu geben. Das von mir skizzierte Bild erhebt keinen Anspruch auf Vollständigkeit, verdeutlicht aber doch, dass diametral entgegengesetzte Meinungen zum Thema Wirtschaftswachstum unversöhnlich zu sein scheinen.

Offenbar ist eine gesellschaftliche Debatte über das Wirtschaftsthema wichtig, um die Zukunft gestalten zu können. Wir Wohlstandsmenschen sind so aufgewachsen, und allerorten hören wir es: Wachstum, wir brauchen Wachstum. Die Werbung gibt ja nicht umsonst so viel Geld aus, im Jahre 2019 waren es in Deutschland rund 32,6 Milliarden Euro, um uns zum Kauf zu bewegen.[75] Im Durchschnitt summieren sich laut *Klimasparbuch Leipzig* jährlich 33 Kilogramm Werbewurfsendungen pro Briefkasten auf, wofür in Deutschland 2,7 Millionen Bäume gefällt werden.[55] Konsequent weitergedacht, bedeutet dies, dass jeder Mensch, der sich dem Konsum entzieht und weniger kauft, unserem Wirtschaftsmodell keinen Gefallen tut. Schließlich macht der private Konsum ungefähr die Hälfte unserer hiesigen Wirtschaftsleistung aus.[76] Wir befinden uns in einem Dilemma: Weniger Konsum bedeutet mehr Schutz der Umwelt und Ressourcen. Die Wirtschaft jedoch, von der unsere Arbeitsplätze, unsere Rentenversorgung, die Finanzwelt, letztlich vermutlich auch unser sozialer Frieden abhängig sind, braucht mehr Wachstum und damit mehr Konsum. Dieser Konflikt ist augenscheinlich nicht lösbar, oder doch?

Im Folgenden habe ich versucht, ein grobes Bild der bisher publizierten Standpunkte sowohl der wachstumskritischen Autorenschaft als auch der Wachstumsbefürworter und Wachstumsbefürworterinnen kurz zu skizzieren. Ich fange mit den kritischen Standpunkten an.

Wachstum, kritisch betrachtet

Stephen Emmott, der in England komplexe Systeme und den Einfluss des Menschen auf die Erde wissenschaftlich untersucht, schrieb 2013 das sehr lesenswerte und dystopische Schockerbuch *Zehn Milliarden* und legt darin desaströse Fakten zur ökologischen Situation unseres Planeten dar. Hier zweifelt er die Lösung mittels neuer Technologien an und hält sie für »reines Wunschdenken«.[77] In seinem Vorwort zur deutschen Neuauflage von 2020 konstatiert er, dass sich seit dem ersten Erscheinen seines Buches im Jahre 2013 nichts verändert habe, ganz im Gegenteil, die Umweltverschmutzung und Zerstörung nehme weiter zu, und die Regierungen samt ihrer Institutionen leisteten nichts.[78] Stephen Emmott glaubt nicht, dass sich Wachstum und Ressourcenverbrauch entkoppeln lassen. Radikale Verhaltensänderungen für jeden Erdenbürger bis hin zum Unternehmen in jedem Bereich und drastische Konsumreduktion seien die verbleibenden Lösungen. Letztlich kommt er zu dem vernichtenden Schluss, dass sich nichts ändern werde. Wir seien nicht mehr zu retten.[77]

Dass wir Menschen in der Gesamtheit zu viele Ressourcen verbrauchen, ist jedes Jahr am Earth Overshoot Day ablesbar. Das Umweltbundesamt veröffentlichte auf seiner Homepage, dass das Budget an Ressourcen für das Jahr 2020 am 22. August schon verbraucht war.[79] In diesem Jahr, 2023, war es der 2. August.[80] Dann hat die Menschheit alle natürlichen Ressourcen aufgebraucht, die die

Erde innerhalb eines Jahres wiederherstellen und damit nachhaltig zur Verfügung stellen kann. Mittels des ökologischen Fußabdrucks berechnet das Global Footprint Network den Erdüberlastungstag, wobei beispielsweise CO_2-Ausstoß, Abholzung der Wälder und Überfischung der Ozeane als Parameter eingehen. Den Rest des Jahres lebt die Menschheit sozusagen auf Pump, auf Kosten anderer Länder und zukünftiger Generationen.

Für Deutschland lag der Erdüberlastungstag 2022 Anfang Mai. Würden alle Menschen so leben wie wir Deutschen, bräuchten wir mehr als drei Erden, wobei der Tag Jahr für Jahr immer weiter nach vorne rückt – einzig die Coronapandemie und die damit verbundenen wirtschaftlichen Reduzierungen haben den Tag etwas nach hinten verschoben.[81] Vor diesem Hintergrund muss man sich fragen, was moderne Gesellschaften veranlasst, sich über die planetaren Grenzen oder die Begrenztheit der natürlichen Ressourcen hinwegzusetzen. In diesem Zusammenhang kann man den Begriff der Postwachstumsökonomie einfügen, der von dem zurzeit wohl bekanntesten deutschen Postwachstumsökonomen Professor Niko Paech, Volkswirt und Nachhaltigkeitsforscher an der Universität Siegen, folgendermaßen definiert wird:

> »Als ‚Postwachstumsökonomie' wird eine Wirtschaft bezeichnet, die ohne Wachstum des Bruttoinlandsprodukts über stabile, wenngleich mit einem vergleichsweise reduzierten Konsumniveau einhergehende Versorgungsstrukturen verfügt. Die Postwachstumsökonomie grenzt sich von landläufigen, auf Konformität zielende Nachhaltigkeitsvisionen wie ‚qualitatives', ‚nachhaltiges', ‚grünes', ‚dematerialisiertes' oder ‚decarbonisiertes' Wachstum ab. Den vielen Versuchen, weiteres Wachstum der in Geld gemessenen Wertschöpfung dadurch zu rechtfertigen, dass deren ökologische ‚Entkopplung' kraft technischer Innovationen möglich sei, wird somit eine Absage erteilt.«[82]

Niko Paech kommt bei seiner Betrachtung zu dem Schluss, dass die Mehrheit der Menschen in modernen Konsumgesellschaften materiell über ihre – zumindest ökologischen – Verhältnisse lebe. Für ihn ist daraus die logische Konsequenz allein »die Reduktion ökonomischer Ansprüche«.[83] Ebenso wie Stephen Emmott verneint Niko Paech die Entkopplung von grünem Wirtschaftswachstum und Umweltschäden. Professor Tilman Santarius äußert sich ebenfalls kritisch. Er beschreibt die doch recht populäre Idee der Entkopplung folgendermaßen: Ein weiteres Wachstum an Volkseigentum sei möglich, wenn zugleich die ökologischen Belastungen und Schäden zurückgingen. Das Bruttoinlandsprodukt könne dann weiter ansteigen, wenn zugleich der Ressourcenverbrauch und die soziale Ungleichheit drastisch zurückgingen. Die Idee beruhe auf Steigerung der Effizienz. Santarius hält dies jedoch für eine »gewaltige Illusion«, da Effizienzsteigerungen das Wirtschaftswachstum stimulierten und Reboundeffekte generierten.

> »Doch auch ‚grüne' Produkte, wie etwa erneuerbare Energien, sind eben nicht zu ökologischen Nullkosten zu haben. Grünes Wachstum wird eine hinreichende Entkopplung von Naturverbrauch und Wirtschaftswachstum daher so lange nicht realisieren können, solange nicht gleichzeitig nicht nachhaltige Sektoren ökonomisch schrumpfen.«[84]

Ulrike Herrmann, Wirtschaftsjournalistin und tätig für die *taz*, schreibt in ihrem neuesten Buch *Das Ende des Kapitalismus*, dass es grünes Wachstum nicht gebe, es sei eine »Illusion«. Auch sie geht auf die Reboundeffekte ein:

> »Wieder schlägt der ‚Rebound-Effekt' zu, der sich schon im 19. Jahrhundert bei der Dampfkraft zeigte. Werden Maschinen oder Waren effizienter hergestellt, werden nicht etwa weniger Rohstoffe verbraucht – sondern mehr Güter produziert. Es entsteht neues Wachstum, das sonst unmöglich gewesen wäre.«[85]

In seinem 2018 in 10. Auflage erschienenen Buch *Befreiung vom Überfluss. Auf dem Weg in die Postwachstumsökonomie* widmet Paech dem Thema Entkopplung ein eigenes Kapitel. »Grünes Wachstum«, »Green New Deal« oder »dritte industrielle Revolution«, was Ökologie schützen und Aussicht auf Gewinne erhalten soll, hält Paech für »Märchen«. Schon fast resigniert wirkt die Feststellung, dass wachstumskritische Ansätze bei bestehender Hoffnung auf Entkopplungsmöglichkeit nicht durchsetzbar seien.

In seinem Buch stellt Paech neben Wachstumszwängen struktureller Art auch »kulturelle Wachstumstreiber« dar. Im Prinzip geht Paech in diesem Kapitel der Frage nach, warum Konsumgesellschaften in Bezug auf Wachstum nicht zu stoppen sind. Zum einen verspricht Konsum vermeintliches Glück, es schütze vor »Sättigungserscheinungen und Langeweile«. Zum anderen könnten im gesellschaftlichen Kontext mit gesteigertem Konsum soziale Differenzen manifestiert werden, man möchte sich sozusagen von anderen unterscheiden. Danach erfolge die soziale Angleichung, wobei die Ansprüche der »Zurückgebliebenen« dann befriedigt würden. Dies jedoch verlange wiederum nach sozialer Differenzierung, was dann nur über zusätzliche Konsumgüter generiert werden könne, sodass ein Genug nie genug sei. Paech beendet das Kapitel mit dem Satz: »Wachstum erzeugt Differenzen, deren Beseitigung – ganz gleich auf welchem Niveau – neues Wachstum notwendig macht.«[86]

In dem 2020 erschienenen Buch *All you need is less* konstatiert Paech: »Denn nachdem die Genügsamkeit ausgestorben ist, stirbt als Nächstes die menschliche Zivilisation.« Des Weiteren liest man: »Deshalb sind Demokratien ohne Suffizienz nicht zu retten.« Für ihn ist Suffizienz ein »überlebenswichtiges Entzugsprogramm«, ein »Reduktions-, Begrenzungs- und Verneinungsprinzip«, die »beste Krisenbewältigungsstrategie«. Suffizienz ist »Nichtkonsum«. Als möglicherweise letzten Ausweg beschreibt Paech das individuelle Unterlassen umweltschädigender, »ruinöser« Praktiken und das Einstudieren von Suffizienzstrategien. Für eine Reduktion brauche man weder Kapital, Technik noch Erfindungen, keine Politik, Institutionen oder Gesetze, keine Voraussetzungen oder Kompetenzen, es sei kostenlos, spare Geld, es sei überall einsetzbar, auch kurzfristig. Eine sogenannte Avantgarde mache es vor, »die Suffizienz konsequent sichtbar werden lässt.«[87] Erwähnen möchte ich hier an dieser Stelle beispielsweise Repaircafés. Auch wir hier in Leipzig haben ein Repaircafé, welches ich besucht habe, weil unsere Gerätekombination aus Radio und CD-Player nicht mehr funktionierte. Das Radio erfüllte noch seinen Dienst, nicht jedoch der CD-Player. Um nicht gleich wieder ein neues Gerät kaufen zu müssen – denn wir haben noch recht viele CDs – versuchte ich mein Glück im Repaircafé. Dort stieß ich auf mehrere freiwillig tätige Leute, die unentgeltlich Dinge reparierten. Mir gegenüber saß ein Mann mit einem defekten Ventilator, er verließ das Café mit einem wieder funktionstüchtigen Gerät, großartig. Mein CD-Player wurde in unzählige Teile zerlegt. Dabei fragte ich mich schon, ob die Einzelteile überhaupt jemals wieder zusammengesetzt werden könnten. Sie konnten, das Radio war voll funktionsfähig, allein die CD-Abspielfunktion konnte leider nicht repariert werden. Vermutlich ist der Laser defekt. Unglaublich, welches Engagement die Leute vor Ort an den Tag legen, welches Wissen und welche handwerklichen Fähigkeiten sie der Gemeinschaft zur Verfügung stellen, alles kostenlos, weil sie die Notwendigkeit des Postwachstums oder die Sinnhaftigkeit für Reparatur für sich erkannt haben. Die App nebenan.de basiert auf der gleichen Idee des Allgemeinwohls. Sucht man Dinge zum Ausleihen, so wird man sicher fündig, verschenkt wird auch eine ganze Menge, es wird über Infoveranstaltungen oder kulturelle Events berichtet, alles in deiner und meiner Nachbarschaft. Auch ich war zunächst ein bisschen skeptisch, als ich unsere Spitzhacke an eine mir unbekannte Person verlieh. Zwei Wochen später hab ich sie unversehrt wiederbekommen. Es funktioniert. Großartig! Flohmärkte und Secondhand werden wieder beliebter, die Selbstversorgercommunity wächst, und Schrebergärten werden gesucht, die Anzahl der Minimalisten wächst, die Tiny-Haus-Bewegung wird größer und bekannter, vegane und vegetarische Restaurants werden immer beliebter, Fahrräder und Autos zum kurzzeitigen Ausleihen sind hier mittlerweile im Stadtbild überall sichtbar, die Anzahl der Lastenräder hat auf jeden Fall zugenommen, an vielen Straßenecken stehen Kartons oder gar Schränke mit Artikeln zum Tauschen oder Verschenken. Anlässlich des Jubiläums zehn Jahre nach dem Erscheinen von *Befreiung vom Überfluss* äußerte Niko Paech in einem Interview, dass ebendiese vorgelebte postwachstumstaugliche Praxis so wichtig sei, damit Politik dann wirksam werden könne.[88]

Maja Göpel, Generalsekretärin des Wissenschaftlichen Beirats der Bundesregierung Globale Umweltveränderungen und Mitbegründerin der Gruppe Scientists for Future, konstatiert in ihrem Buch *Unsere Welt neu denken. Eine Einladung*, die Geschichte vom ewigen Wachstum des Konsums sei für alle nicht aufgegangen, weder in ökologischer noch in sozialer Hinsicht. Es sei ein System entstanden, das unseren Planeten zerstöre. »Der eigentliche Zweck des aktuellen System lautet eben allen anderslautenden Beteuerungen zum Trotz doch endloses Wachstum an Absatz, Gewinnen und Besitz, koste es, was es wolle.« Zum Thema Entkopplung äußert sie sich aufgrund der Reboundeffekte kritisch: »Denn der Traum der einfachen Entkopplung geht immer sichtbarer nicht auf.« Frau Göpel vertritt die These, die wahren Kosten würden ausgelagert. Als Beispiele führt sie die südamerikanische Sojaproduktion zur Fütterung unseres Mastviehs, die Produktion von Energiepflanzen in Südostasien zur Herstellung von Biosprit oder auch unsere Abfallwirtschaft an, die eine Exportbranche sei: »Von unseren Kunststoffabfällen geht ein Fünftel ins Ausland, zumeist nach Asien, wo Länder wie Malaysia, Indien oder Vietnam Teile davon wiederverwerten, der Rest landet auf Deponien, in den Flüssen oder im Meer.« Somit lebten wir gar nicht umweltschonender. Wir schützten zwar unsere eigene Umwelt durch schärfere Regeln, aber fragten wenig danach, ob die Bilanz denn stimme. »Wir lagern aus, was für uns unangenehm ist, und ein, was wir brauchen.« Sie verweist auf den Begriff »Externalisierung«. Die von Niko Paech geforderte Verzichtshaltung findet sich auch bei Maja Göpel. Den Verzichtsgegnern und -gegnerinnen könne man antworten, dass Verzicht eine Investition »in Frieden und in die Versorgungssicherheit von übermorgen« sei. Nicht unerwähnt lässt sie die Bemühungen der Politik, den Umweltschutz zu privatisieren, denn der Bürger könne doch mit seiner individuellen Kaufentscheidung die Zerstörung unserer Erde aufhalten. Als Erklärung für den immer noch geringen Marktanteil der Biolebensmittel führt sie an, dass nicht nachhaltiges Verhalten belohnt und nachhaltige Kaufentscheidungen eher erschwert würden, weil die Preise vieler Produkte ihre wahren Herstellungskosten nicht widerspiegelten. Mit anderen Worten: Industriell produzierte Lebensmittel seien zu billig. Gegen Ende ihres Buches geht Maja Göpel auf die Gerechtigkeitsfrage ein:

> »Wenn die Ökosysteme nur eine bestimmte Menge an Rohstoffen hergeben und eine bestimmte Menge an Abfall und Abgasen aufnehmen können, stellt sich automatisch die Frage, wer wie viel verbrauchen, wegwerfen und ausstoßen darf. Umweltfragen sind immer Verteilungsfragen, und Verteilungsfragen sind immer Gerechtigkeitsfragen.« [89]

Ist ein Leben auch ohne Wachstum möglich? Nach dem britischen Ökonomen Tim Jackson, der das Buch *Wohlstand ohne Wachstum. Leben und Wirtschaften in einer endlichen Welt* geschrieben hat, befinden wir uns in einem »Wachstumsdilemma«. Dafür führt er zwei Ursachen an. Zum einen sei unser jetziges Wachstum nicht nachhaltig, und zum Zweiten führe eine daraus bedingte notwendige »Wirtschaftsschrumpfung« zu einer instabilen Gesellschaft, und das wirke dann so wie ein »Unmöglichkeitstheorem« für bleibenden Wohlstand. Man liest:

> »Kein Wunder, dass Menschen, die ein nachhaltiges Leben anstreben, sich in Konflikt mit ihrer Umwelt befinden. Es ist die Schieflage einer Konsumkultur, die völlig falsche Botschaften aussendet. Umweltfreundliches Verhalten wird bestraft, und das macht es selbst für hochmotivierte Menschen fast unmöglich, nachhaltig zu handeln, ohne persönliche Opfer auf sich nehmen zu müssen.«

Als möglichen Weg in ein nachhaltiges Wirtschaftssystem mit bleibendem Wohlstand führt er drei Punkte an: 1. »Die Grenzen festsetzen«, 2. »Das Wirtschaftsmodell reparieren« und 3. »Die gesellschaftliche Logik verändern«.[90]

Ebenso eindeutig wachstumskritisch äußert sich der Politikwissenschaftler und Journalist Norbert Nicoll in seinem Buch *Adieu, Wachstum! Das Ende einer Erfolgsgeschichte* aus dem Jahr 2016. »Die Wirtschaft ist, drückt man es in deutlichen Worten aus, ein Parasit der Biosphäre«, so äußert sich Nicoll. Er leitet auf 431 Seiten und anhand von fast 1 000 Quellen her, warum wir eine Postwachstumsökonomie oder Wachstumsrücknahme brauchen, das Bruttoinlandsprodukt hält er für ein Auslaufmodell.

> »Ich glaube, dass es ohne Verzicht, Einschränkung, Einfachheit, Suffizienz oder wie immer man die Dinge nennen mag, nicht gehen wird. Sowohl Nachhaltigkeit als auch Suffizienz enthalten moralische Prinzipien: Beiden geht es um Solidarität. Solidarität mit den Mitmenschen, aber auch mit zukünftigen Generationen.«[50]

Einen ähnlich wachstumskritischen Tenor mit besonderer Fokussierung auf den Begriff der Externalisierung verfolgt auch das folgende Buch. Gewünschte Wohlstandswahrung der entwickelten Gesellschaften bei gleichzeitigem Vorenthalten des Wohlstandes anderer, dies wird von dem Soziologen Stephan Lessenich, Direktor des Instituts für Sozialforschung in Frankfurt am Main, in seinem Buch *Neben uns die Sintflut. Die Externalisierungsgesellschaft und ihr Preis* kritisiert und dargelegt.

> »Es geht um den Einblick in Zusammenhänge, die Einsicht in Abhängigkeiten, in globale Beziehungsstrukturen und Wechselwirkungen. Es geht um die andere Seite der westlichen Moderne, um ihr ‚dunkles Gesicht', um ihre Verankerung in den Strukturen und Mechanismen kolonialer Herrschaft über den Rest der Welt. Es geht um Reichtumsproduktion auf Kosten und um Wohlstandsgenuss zu Lasten anderer, um die Auslagerung der Kosten und Lasten des ‚Fortschritts'. Und es geht noch um eine weitere, dritte Geschichte: um die Abwehr des Wissens um ebendiese Doppelgeschichte, um deren Verdrängung aus unserem Bewusstsein, um ihre Tilgung aus den gesellschaftlichen Erzählungen individuellen und kollektiven ‚Erfolgs'. Wer von unserem Wohlstand hierzulande redet, dürfte von den damit verbundenen, verwobenen, ja ursächlich zusammenhängenden Nöten anderer

Menschen andernorts nicht schweigen. Genau das aber ist es, was ununterbrochen geschieht.«

Gegen dieses Verdrängen oder Vergessen richtet sich das Buch. Stephan Lessenich charakterisiert den Begriff der Externalisierung – den ja auch andere wie beispielsweise Maja Göpel benutzen – als »sperrig«, hält ihn jedoch für zutreffend, korrespondiere doch der Wohlstand der Nationen mit dem »Übelstand anderer Nationen«. Lessenich konstatiert sehr treffend: »Denn wir leben keineswegs über *unsere* Verhältnisse. Wir leben über die Verhältnisse *anderer.*«

Die Externalisierungsgesellschaft fordere ihren Preis, denn wir würden mit den Folgewirkungen konfrontiert. Reiche zapften die Ressourcen Armer an, wobei Umweltschäden und soziale Verwerfungen an die ärmeren Gesellschaften externalisiert würden. Soja-, Palmöl- und Baumwollanbau, Sandhandel oder Garnelenproduktion und Elektronikschrottentsorgung nennt Lessenich hier als Beispiele.

»Die dort hergestellten Güter werden an ‚entwickelte' Länder mit hoher Kapitalintensität geliefert und in diesen konsumiert – ebenso wie die Profite dorthin wandern, wo die internationalen Bergbau- oder Agrarkonzerne zumeist ansässig sind, was die strukturellen Asymmetrien gegenüber den ‚unterentwickelten' Gesellschaften weiter vertieft und verstetigt. Die dann ihrerseits den Müll der prosperierenden Zentren importieren, der ihnen wiederum neue Umwelt-, Gesundheits-, und Sozialprobleme verschafft. Ein wahrer Teufelskreis.«

Lessenich nennt dies »ungleiche Tauschbeziehung«. Die Externalisierungsgesellschaft werde getragen von einem »Nicht-wissen-*Wollen*« der Wohlhabenden der entwickelten Gesellschaften, da die gerade beschriebenen Mechanismen ja allseits bekannt seien.

»Wer wirklich allen Weltbürgern eine materiell gesicherte Existenz, ein Mindestmaß der Verfügung über das eigene Schicksal und Chance auf ein friedvolles gesellschaftliches Zusammenleben wünscht, der muss die Externalisierungsgesellschaft in Frage stellen – und damit kapitalistische Funktionsprinzipien im Allgemeinen und den globalen Kapitalismus als System ungleichen Tauschs im Besonderen.«

Nun schlage das System zurück. Dabei bezieht sich Lessenich beispielsweise auf den in den Ozeanen externalisierten Plastikmüll, der über die aquatischen Nahrungsketten zu uns zurückkehre und Unbehagen auslöse. Stephan Lessenich positioniert sich klar: Es gebe kein Wachstum ohne wachsenden Rohstoff- und Energieverbrauch und ohne Ausbeutung des globalen Südens. Er hält einen »grünen Kapitalismus« für illusionär.[91]

Olga Witt, Bloggerin, Buchautorin und Besitzerin zweier Unverpackt-Läden in Köln, wünscht sich weniger Produktion und somit auch weniger Wirtschaftswachstum:

»Der Konflikt besteht aber so oder so, mit oder ohne Müllvermeider. Denn ein grenzenloses Wachstum ist auf unserem begrenzten Planeten schlichtweg nicht möglich. Es wird Zeit, diese Erkenntnis auch in politische Entscheidungen einfließen zu lassen und sich intensiv damit zu beschäftigen, wie eine Wirtschaft ohne Wachstum aussehen könnte. Je eher wir das akzeptieren, desto größer ist unser Handlungsspielraum, diese Zukunft mitzugestalten.«[92]

Wachstum, positiv betrachtet

Im Gegensatz zu den pessimistischen Aussagen von Stephen Emmott und den wachstumskritischen Aussagen von Niko Paech und weiterer Denker und Denkerinnen ist Claudia Kemfert, Wirtschaftswissenschaftlerin und Politikberaterin, in ihrem Buch *Mondays for Future* aus dem Jahre 2020 in vielerlei Hinsicht positiv gestimmt. »Statt Askese zu predigen und zu üben, sollten wir uns freuen: Mit Klimaschutz bleibt die Welt lebenswert. Klimaschutz macht Spaß. Und nachhaltig konsumieren ist einfach.« Sie schreibt, die Wissenschaft betrachte die Ideen der Postwachstumsökonomie eher mit Skepsis. Nach ihrer Überzeugung ließen sich Wachstum und Ressourcenverbrauch entkoppeln. Wachstum auf Basis fossiler

Energien sei verantwortlich für den Klimawandel und müsse deshalb gestoppt werden. Der Rohstoffbedarf müsse auf ein Minimum reduziert werden. »Unser Ziel muss es sein, eine möglichst nachhaltige Kreislaufwirtschaft zu etablieren.« Verschiedene Adjektive werden für das Jahr 2050 in ihrem letzten Kapitel aufgezählt: divers, resilient, grün, zirkulär, dezentral, vernetzt, intelligent, partizipativ, gesünder, gesellschaftlicher und glücklicher.[93]

Obwohl der Schriftsteller Frank Schätzing ein grenzenloses Wachstum als »unmöglich« erachtet, zweifelt er die Suffizienzgedanken der Postwachstumsökonomie als Lösung für die Zukunft stark an. Sehr positiv dagegen äußert sich Schätzing zum Thema Effizienzsteigerung als Grundpfeiler für eine nachhaltige Zukunft:

> »Was grundsätzlich funktioniert, wird mit der Zeit immer besser funktionieren, immer weniger verbrauchen, erschwinglicher und wirtschaftlicher werden, wobei sich Zyklen der Effizienzsteigerung verkürzen. Das heißt, Technologie wird sukzessive leistungsfähiger, ressourcenschonender und umweltfreundlicher. Ferner kann künstliche Intelligenz eine wahre Effizienzrevolution in Gang setzen, indem sie Nachhaltigkeitsstrategien entwickelt, wie wir es niemals könnten.«

Schätzing möchte dem Wachstumsbegriff neuen Inhalt einhauchen, so spricht er von müllfreiem Wachstum oder bedarfsgerechtem Wachstum, von Bildungs- und sozialem Wachstum, von weniger Quantität, aber steigender Qualität und vom Ausbau der Share-Economy.[1]

Ähnlich wachstumsbejahend wie Claudia Kemfert und Frank Schätzing und entschiedener Kritiker des Postwachstumsgedankens ist der Grünen-Politiker und Publizist Ralf Fücks, ehemaliges Mitglied der Heinrich-Böll-Stiftung. Seine Gedanken diesbezüglich legt er in dem Aufsatz »Öko-Biedermeier vs. Ökologische Moderne: Die grüne Revolution« dar. Wirtschaftswachstum sei notwendig, um Schuldenkrise und wirtschaftlicher Depression zu entkommen. Dafür brauche man »neue Jobs und Einkommen«. Man brauche eine neue Abfolge von »Investitionen und Innovationen«. Er verweist auf die rasch wachsende globale Mittelschicht, die Urbanisierung mit all ihren Begleiterscheinungen. Dabei sei die Investitionsoffensive für Europa als Vorreiter für die nächste industrielle Revolution notwendig, wobei er betont, dass nicht das »ob«, sondern das »wie« des Wirtschaftswachstums, »Raubbau an der Natur« oder nachhaltiges Wachstum, entscheidend für die Zukunft sei. Er benennt dabei die drei Grundlagen: »Steigerung der Ressourcenproduktivität«, »Substitution fossiler durch erneuerbare Energiequellen« und »Kreislaufökonomie«.[94]

Wie sieht das die EU? Auch hier hört und liest man in den Medien von einem »europäischen Green Deal«. Auf der Internetseite der Europäischen Kommission kann man sich über den Green Deal detailliert informieren. Europa brauche eine neue Wachstumsstrategie. Wirtschaftswachstum soll von der Ressourcennutzung abgekoppelt werden. Die Maßnahmen sehen vor, dass Europa bis 2050 klimaneutral sein soll und ein globaler Vorreiter sein möchte.[95] Dazu werden eine ganze Reihe von Maßnahmen aufgelistet, unter anderem auch ein Aktionsplan für die Kreislaufwirtschaft.

Es werden Beispiele aufgeführt, wie mit Elektro- und Elektronikgeräten in Zukunft zu verfahren sein wird. Langlebiger, leichter zu reparieren und nachrüstbar, recyclingfähig und wiederverwendbar sollen sie sein. Außerdem soll das Modell »Produkt als Dienstleistung« – das heißt, die Unternehmen bleiben Eigentümer, der Konsument bezahlt nur die Dienstleistung und gibt das Gerät danach an den Eigentümer zurück – eingeführt werden. Einwegprodukte sollen sukzessive abgeschafft und durch Mehrwegprodukte ersetzt werden, Mikroplastik soll bekämpft werden, Maßnahmen zur Abfallvermeidung und -reduzierung sollen ergriffen werden, der Rezyklatanteil soll erhöht werden, und Maßnahmen »zur weitestmöglichen Minimierung der Ausfuhren von Abfall aus der EU« sollen ergriffen werden. Die Wirtschaft wird also unter gleichzeitigem Schutz der Umwelt modernisiert und transformiert. Ganz im Gegensatz zu der wachstumskritischen Autorenschaft finden wir Begriffe wie Genügsamkeit oder Verzicht hier nicht. Mit anderen Worten: Dieses Modell steht diametral der Postwachstumsökonomie gegenüber.[96]

Das im Aktionsplan beschriebene, neu einzuführende Modell »Produkt als Dienstleisung« leitet sich vom technischen Kreislauf des Cradle-to-Cradle-Konzepts des deutschen Chemikers Michael Braungart und des US-amerikanischen Architekten William McDonough ab. Dieses Konzept ist nachlesbar in dem Buch *Cradle to Cradle. Einfach intelligent produzieren.* Übersetzt ins Deutsche bedeutet Cradle to Cradle von der Wiege zur Wiege. Dabei wird die These aufgegriffen, dass eine müllfreie Welt möglich ist. Die Natur kenne keinen Abfall. Ein Produkt, das zu Abfall wird, habe ein Qualitätsproblem. Demzufolge müsste man am Anfang, also bereits beim Design, Intelligenz einsetzen und nicht am Ende der Produkte, bei der Abfallentsorgung. Alle herzustellenden Dinge müssten im Prinzip neu erfunden werden, damit sie in den beiden von Braungart und McDonough beschriebenen Kreisläufen, Biosphäre und Technosphäre, rotieren und nützlich sind. Das würde für die Biosphäre Folgendes bedeuten: Alle Verschleiß- oder Verbrauchsprodukte wie Schuhe, Kleidung, Reifen usw. müssten so gestaltet sein, dass sie in den biologischen Kreislauf einfließen können, zu 100 Prozent biologisch abbaubar und kompostierbar sind. Dabei wird vorausgesetzt, dass sie »keine Mutagene, Karzinogene, Toxine oder andere Substanzen enthalten, die sich in natürlichen Systemen anreichern und diese schädigen«. Man begegnet in dem Buch folgender toller Idee:

> »Umweltfreundliches Verpackungsmaterial könnte gefahrlos zerfallen oder gesammelt und als Dünger verwendet werden, um dem Boden auf diese Weise die Nährstoffe wieder zuzuführen. Schuhsohlen könnten sich auflösen und die Umwelt bereichern. Seifen und andere flüssige Reinigungsmittel könnten ebenfalls als biologische Nährstoffe konzipiert werden. Wenn sie in dieser Form durch den Abfluss gespült werden, durch Feuchtgebiete fließen und in einem See oder Fluss landen, unterstützen sie das Gleichgewicht des Ökosystems.«

In Bezug auf die Technosphäre würde folgendes Szenario real: Alle anderen Produkte wie beispielsweise elektrische Geräte müssten als Dienstleistung oder Serviceprodukt verkauft werden. Bei einer Waschmaschine würde man also nicht die Waschmaschine als Gerätegegenstand kaufen, sondern stattdessen beispielsweise 3000-mal Waschen als Vorgang im Sinne einer Dienstleistung des Geräts. Nach Ablauf dieser Nutzung soll das Produkt, hier die Waschmaschine, an den Hersteller zurückgegeben werden, der dann das Gerät in seine recycelbaren Einzelteile, die ja zuvor aus bester Qualität hergestellt wurden, zerlegt und dann wiederum eine neue Waschmaschine oder ein anderes Produkt herstellt. Dabei könne dann gleichzeitig die Gelegenheit genutzt werden, neue Technologien einzubauen.

Es werden drei sehr bestechende Vorteile solch eines Systems beschrieben: Zum einen werde kein unnützer oder gar für Mensch und Umwelt gefährlicher Abfall produziert, zum Zweiten sparten die Hersteller Kosten ein, weil das Material ja wiederverwendet wird, und zum Dritten werde die Förderung von Rohstoffen verringert, was natürlich für die Umwelt vorteilhaft wäre. Dabei würden sukzessive im Verlauf der Zeit giftige Chemikalien ausgeschlichen, bis sie ganz aus der Produktion verschwunden seien.[97]

In dem Rejell-Podcast *Cradle To Cradle: Eine neue industrielle Revolution* vom November 2019 kann man auf sehr interessante Weise und sehr ausführlich nachhören, welche Innovationen mit dem Cradle-to-Cradle-Konzept verbunden sind. Michael Braungart konstatiert dort, der Grüne Punkt habe nichts gebracht, die Verpackungsmenge habe sich stattdessen verdreifacht. Gegen Ende des Gesprächs führt Braungart optimistisch aus, dass noch vor 2040 die ganze Welt Cradle to Cradle sein werde.[98]

Ganz im Gegensatz zu Niko Paech hält Michael Braungart gar nichts von »Vermeiden, Sparen, Verzichten«, denn dies würde »das Bestehende optimieren«, das wäre lediglich »weniger Zerstörung«. Neu und anders denken sei jetzt wichtig. »Moral«

solle beiseitegeschoben werden. Der ökologische Fußabdruck soll nicht minimiert, sondern vergrößert werden, weil der Mensch nützlich sei. Wir bräuchten eine »Kultur der Großzügigkeit«.[99]

Weltweit gibt es mittlerweile mehr als 16 000 Cradle-to-Cradle-Produkte. Auch wir benutzen zurzeit eines davon. Früher verwendeten wir weißes Frischfaser-Toilettenpapier, welches in Plastik eingepackt war. Nachdenklich kann man werden bei dem folgenden Aspekt: »Bei Hygienepapieren kommt hinzu, dass die Papierfasern nach dem Gebrauch über die Kanalisation oder als Abfall entsorgt werden. So gehen sie dem Papierkreislauf verloren.« Diesen treffenden Satz findet man in einem Papier des Umweltbundesamtes. Weiter wird dort geschildert, dass immer mehr Papierfasern für den deutschen Hygienepapiermarkt unter anderem aus Brasilien stammen, was natürlich Eingriffe und damit Risiken für das Ökosystem Regenwald bedeute.[100] »Zerstört unser Klopapier den Regenwald?«, so lautet der Titel eines Artikels von *Bayern 1* und bringt mit dieser Überschrift die Problematik zielgenau auf den Punkt.[101]

Doch auch Altpapier hat Nachteile, denn: »Ein Kilo Recycling-Toilettenpapier enthält so viel Kohlenwasserstoff, dass 30 Millionen Liter Wasser über den Grenzwert belastet werden und der entstehende Klärschlamm so stark verseucht ist, dass er verbrannt werden muss.«[102] Dieser Umweltaspekt spielte damals für uns gar keine wirklich relevante Rolle, denn für unser plastikfreies Experiment musste Toilettenpapier ohne Plastikverpackung gefunden werden. Glücklicherweise haben wir in erreichbarer Nähe den Unverpackt-Laden, der Recyclingtoilettenpapier ohne Plastikverpackung anbietet. Hier koste eine Rolle Satino Black zwei Euro, wobei eine Rolle vier Herkömmliche ersetzt. Aus diesem Grunde haben wir uns mit speziell diesem Toilettenpapier beschäftigt. Es ist Cradle-to-Cradle-zertifiziert. Für die Produktion wird kein Holz eingesetzt, es besteht aus Recyclingpapier, es wird CO_2-neutral hergestellt, und die Roh- und Zusatzstoffe sind für Mensch und Umwelt unbedenklich. Es belastet also die Abwässer nicht, es kann sogar kompostiert werden. Somit ist es ein echtes Cradle-to-Cradle-Produkt. Man kann es herkömmlich als Toilettenpapier mit anschließender Spülentsorgung ohne irgendwelche belastenden Probleme für die Umwelt verwenden, aber auch, um sich die Nase zu putzen oder für gelegentliche Küchenanwendungen. Im Anschluss können wir es guten Gewissens über unseren Kompost entsorgen, wo es dann als Nährstoff für unseren Garten wieder zur Verfügung steht. Ich benutze ein Produkt und kann es dann als Grundstoff für Kompost dem Kreislauf zurückführen. Es entsteht kein zu verbrennender Müll. Subjektiv fühlt sich das schon sehr gut an.

Neben Toilettenpapier gibt es auch Cradle-to-Cradle-zertifizierte Kleidung, die kompostierbar ist und nicht verbrannt werden muss. So hat beispielsweise die Firma Trigema einige Produkte im Angebot. Ich selbst habe mir solch ein T-Shirt gekauft. Bisher ist es noch im Gebrauch, aber danach bin ich gespannt auf die heimische Kompostierung. Auch C&A und Lidl haben Kleidungsstücke im C2C-Format im Angebot.

Einen im Hinblick auf Müll nicht zu unterschätzenden Bereich stellt die Baubranche dar. Hier wird viel umweltschädlicher und unerfreulicher Sondermüll produziert. Um dies zu verhindern, ist die Entwicklung der C2C-Bauweise besonders notwendig und gleichzeitig wirklich beeindruckend. Viele Projekte sind schon umgesetzt worden und für jeden Interessierten sichtbar. Erwin Thoma aus Österreich ist dabei beeindruckender Pionier auf diesem Gebiet und Anhänger des C2C-Konzeptes. Auf der Plattform youtube kann man sich großartige Vorträge von Thoma anschauen, einige Bücher hat er zum Thema Holz und Bauen mit Holz verfasst. Seine Holzhäuser sind frei von Schadstoffen, da nur unbehandeltes Mondholz eingesetzt wird, und somit gesund für Umwelt und Mensch. Es gibt keine Leime, Dämmstoffe, Schrauben, Nägel oder Holzschutzmittel. Sie sind brandsicher, wärmedämmend, erdbebensicher und geräuscharm. Die massiven Holzwände werden mittels Sonnenenergie produziert, und somit ist die Herstellung CO_2-neutral. Das verwendete Holz ist ein Rohstoffspeicher und aufgrund der Naturbelassenheit wiederverwendbar. Auf der Internetseite www.vollholzhaus.com kann man sich weiter informieren.[103] Wer möchte nicht gerne in solch einem Haus wohnen?

In Düsseldorf wird ein Gebäude mit dem Namen *The Cradle* entstehen. Vorbild für das Bürogebäude im Hafen ist das neue Rathaus im niederländischen Venlo. Das C2C-Rathaus ist so gebaut, dass es am Ende seiner Nutzungszeit wieder als Rohstoff für neue Gebäude zur Verfügung stehen wird. Hier sind Cradle-to-Cradle-Konzepte umgesetzt, Rohstoffe bleiben erhalten und können nachfolgenden Generationen zur Verfügung stehen. Auf der Internetseite der Stadtverwaltung Venlo kann man sich dieses richtungsweisende Konzept anschauen und staunen, was alles möglich ist. Neben der abfallfreien Produktion kommen noch andere innovative Aspekte wie Reinigen der Außenluft und des Regenwassers oder Schaffen von Lebensräumen für Pflanzen und Tiere hinzu.[104] Diskutiert wird auch, dass die C2C-Bauweise unmittelbare positive Auswirkung auf die Produktivität des Menschen hat. Erwin Thoma spricht von einem nachgewiesenen positiven Effekt seiner Holzhäuser auf die Aktivität des Herzens. Häuser, die gut für Menschen und die Umwelt sind, die mithilfe des Cradle-to-Cradle-Konzeptes erdacht, erfunden und in die Realität umgesetzt werden, gibt es schon jetzt. Es ist keine Utopie, sondern erlebbare Realität. Fantastisch. Auf der Internetseite der EPEA GmbH kann man sich weitere Informationen besorgen.[105] Der bekannte Trend- und Zukunftsforscher Michael Horx nennt uns Menschen den »homo prospectus«, den vorausschauenden Menschen. In seinem Buch *15 1/2 Regeln für die Zukunft. Anleitung zum visionären Leben* schreibt Horx, kommende Technologie nutze Prinzipien der Natur. Recycling bedeute zukünftig nicht mehr Abfallmanagement, sondern Rohstoffschöpfung. »Nichts anderes ist ‚Cradle-to-Cradle': die Idee eines ständigen organischen Kreislaufes der Moleküle und Metamorphosen.«[106]

Versuch der Synthese könnte süß sein

Wachstum wird sowohl positiv als auch negativ betrachtet. Diese zwei Pole stehen sich diametral gegenüber. Was kann die Lösung sein? Als ersten Schritt erachte ich die gesellschaftliche Debatte über unsere Zukunft als notwendig. Die Diskussion, wie wir leben wollen und was unsere Werte sind, findet auch bei uns in Leipzig, zumindest im kleinen Rahmen, statt. Im BUND-Magazin vom letzten Jahr findet man die Info, dass sich der Leitantrag für 2022 namens *Ein gutes Leben für alle – für eine nachhaltige Entwicklung in Leipzig* mit der Abkehr vom derzeitigen Wachstumsparadigma beschäftigen werde. Dabei finden sich Begriffe wie »gemeinwohlorientiertes Wirtschaften« und »solidarisches Miteinander im Einklang mit der Umwelt«.[107] Ich gehe dabei davon aus, dass sich der Leitantrag des BUND auf das Konzept des *buen vivir, des guten Lebens* von Alberto Acosta bezieht, welches in der Verfassung Ecuadors 2008 festgeschrieben wurde. Alberto Acosta ist ecuadorianischer Wirtschaftswissenschaftler und Politiker. Er war Präsident der Verfassungsgebenden Versammlung und verankerte das Recht auf ein Gutes Leben in der ecuadorianischen Verfassung. Jeder Ecuadorianer und jede Ecuadorianerin kann demnach dieses Recht – zumindest theoretisch – einklagen. Das Konzept stammt ursprünglich aus den Anden und dem Amazonasgebiet und wird noch heute in vielen indigenen Gemeinden praktiziert. Laut Acosta spielt das Konzept des *buen vivir* eine zentrale Rolle in den Lebensphilosophien der indigenen Gesellschaften. Die Fixierung auf Produktion und wirtschaftliches Wachstum im Sinne der Entwicklung wird infrage gestellt. Es gibt die Ethik des »Ausreichenden«, es geht um das gute Leben »im Hier und Jetzt«, um eine Wirtschaft im Einklang mit der Natur, wobei »die Bedürfnisse der Menschen und nicht die des Kapitals« bedient werden, es sei die Suche nach einem harmonischen Zusammenleben der Menschen untereinander und mit der Natur. Die Politik müsse »die Natur als Rechtssubjekt anerkennen«. Das Konzept des *buen vivir* sei eben auch nicht ein fertig ausgearbeiteter Vorschlag, es sieht sich eher als Möglichkeit, neue Lebensmodelle zu entwickeln. Es soll eine »Diskussionsplattform« auf demokratischer Grundlage sein.[108] Alberto Acosta hat das Konzept des *buen vivir* in seinem gleichnamigen Buch ausführlich niedergeschrieben.[109] Ich empfehle die Lektüre.

Norbert Nicoll konstatiert in Bezug auf die Zukunft: »Wir können vor den Herausforderungen des 21. Jahrhunderts nicht weglaufen. Wir können sie auch nicht dauerhaft ignorieren. Wir stehen vor einer Zeitenwende.« In seinem letzten Kapitel nimmt Norbert Nicoll Bezug auf mexikanische Zapatisten und Indigene, die nach Alternativen suchten – und was sogleich an das *buen vivir* von Alberto Acosta erinnert. Er titelt mit »Was tun? Gut leben statt unendlich wachsen!« Nicoll betont, er könne und wolle keinen Rettungsplan vorlegen. Obschon er individuelle Verhaltensänderungen für wichtig erachte, betont er die Schwierigkeiten der Herausforderungen, die zu bearbeiten seien. Allerdings, nur der Staat könne die Gesetze erlassen, die wir zukünftig bräuchten.[50]

Einen mit dem *buen-vivir*-Konzept verwandten Gedanken nennt auch Jürgen Tallig, Maschinenbauingenieur und Sozialwissenschaftler: *Earth first: Der Preis des Lebens*. »Die bisherige falsche Prioritätensetzung, erst Wirtschaft und Wachstum, dann Soziales und dann Ökologie und Klimaschutz, muss umgekehrt werden. Denn sie hat die Welt an den Rand des Abgrund geführt.«[110]

Es ist mehr als offensichtlich: Wir Menschen haben viele und riesige Probleme, angefangen bei der Vermüllung der Umwelt über den Verlust der Biodiversität durch das Artensterben, weiter sind zu nennen die Überfischung der Ozeane, die Bodendegradation, die Abholzung der Regenwälder, Ressourcenknappheit und Klimawandel, und nicht unerwähnt lassen möchte ich die Themen Hunger und Zugang zu sauberem Trinkwasser. All das spielt in unserem Alltag eher eine untergeordnete Rolle. Wir müssen mehr und größer denken, denn voraussichtlich werden wir gegen Mitte des Jahrhunderts neun Milliarden und gegen Ende des Jahrhunderts etwa elf Milliarden Menschen sein. Dabei erscheint mir die derzeitige Fokussierung auf CO_2 schon notwendig, jedoch zu kleinteilig zu sein.

Wir brauchen viel häufiger öffentlich geführte und breite gesellschaftliche Diskussionen, wir brauchen eine Vorstellung davon, ein positives Bild, ein konkretes Ziel, wie unsere Zukunft gestaltet werden soll. »Wir brauchen die Vision einer besseren Welt. Und das heißt: Wir müssen wieder träumen lernen. Schließlich wurden einige der besten Dinge beim Träumen entwickelt: die Nähmaschine, das Periodensystem der Elemente und der Welthit ‚Yesterday'. Aber beim Träumen darf es nicht bleiben«, so liest man in dem sehr unterhaltsamen, nichtsdestotrotz wachrüttelnden Buch *Generation Weltuntergang. Warum wir schon mitten im Klimawandel stecken, wie schlimm es wird und was wir jetzt tun müssen.*[111] Wie könnte dies aussehen? Eine Metapher stellt der *Donut* von Kate Raworth, Wirtschaftswissenschaftlerin in Oxford und Cambridge, dar. 2018 erschien ihr Buch *Die Donut-Ökonomie. Endlich ein Wirtschaftsmodell, das den Planeten nicht zerstört*, in dem Raworth einen Gegenentwurf zur klassischen Wirtschaftsökonomie vorstellt. Dabei sollten alle Menschen im *Donut* leben, in dem sicheren Raum zwischen Armut und Überkonsum, zwischen dem gesellschaftlichen Fundament des Wohlergehens und der ökologischen Decke des planetaren Drucks. Der *Donut* ist sozusagen die Metapher für die Kombination aus den planetarischen Leitplanken und den sozioökonomischen Grenzen.[112] Zum Verständnis möchte ich hier kurz den Hintergrund schildern.

Einige Jahre vor der Veröffentlichung ihres *Donuts* wurden 2009 von dem schwedischen Erdsystemforscher Johan Rockström, inzwischen Direktor des Potsdam-Instituts für Klimafolgenforschung, Hans Joachim Schellnhuber (damaliger Direktor) und anderen Wissenschaftlern und Wissenschaftlerinnen neun planetare Leitplanken als unabdingbar für den Fortbestand der menschlichen Spezies beschrieben. Deren Überschreitung gefährde die

Stabilität des Ökosystems und die Lebensgrundlagen der Menschheit. Die Leitplanken sollen einen sicheren Handlungsspielraum für die Menschheit festlegen, wobei zum Zeitpunkt der Veröffentlichung der planetaren Leitplanken bereits drei als überschritten beschrieben wurden (Klimaveränderung, Verlust der Biodiversität und Veränderungen des globalen Stickstoffkreislaufs [damals noch nicht überschritten der zu dieser Kategorie zählende Phosphatkreislauf; Anmerkung der Autorin]. Noch nicht als überschritten wurden folgende sechs planetare Leitplanken genannt: Ozeanversauerung, stratosphärisches Ozon, globaler Süßwasserverbrauch, Luftverschmutzung (beispielsweise mit Ruß), Landnutzung und das Einbringen neuer Substanzen wie Chemikalien und Plastik (im Originalarktikel hieß diese Leitplanke zuvor »chemische Verschmutzung«).[113] Später kamen noch die Abholzung/Landnutzungsänderungen und der veränderte Phosphatkreislauf als überschrittene Leitplanken hinzu. Erst im vergangenen Jahr erschien eine wissenschaftliche Publikation mit dem Hinweis, dass nun auch die fünfte der neun Leitplanken »Einbringung neuartiger Substanzen und Organismen«, und hier im Speziellen die Verschmutzung der Umwelt mit Plastik, überschritten sei. Die Autorenschaft empfiehlt dringendes Handeln im Hinblick auf die Reduktion des Emittierens neuartiger Substanzen, um den Schaden für Umwelt und Mensch zu reduzieren. Diese Warnsignale des Konzeptes sollten von Politik, Wirtschaft und Gesellschaft ernst genommen werden.[114]

Kate Raworth hat das Konzept der planetaren Grenzen, welches im Prinzip die Ökologie oder, besser gesagt, deren Grenzen beschreibt, aufgegriffen und zu einem Bild, dem *Donut*, weiterentwickelt, in dem Aspekte der globalen Gerechtigkeit mit einfließen. Sie kombiniert sozusagen ökologische Grenzen mit sozialen Notwendigkeiten. Ihr Gedankengang war, die langfristigen Ziele einer Ökonomie an den Anfang zu stellen. Sie versuchte dabei, ein Bild zu zeichnen, das Ergebnis ist als *Donut* bekannt geworden.

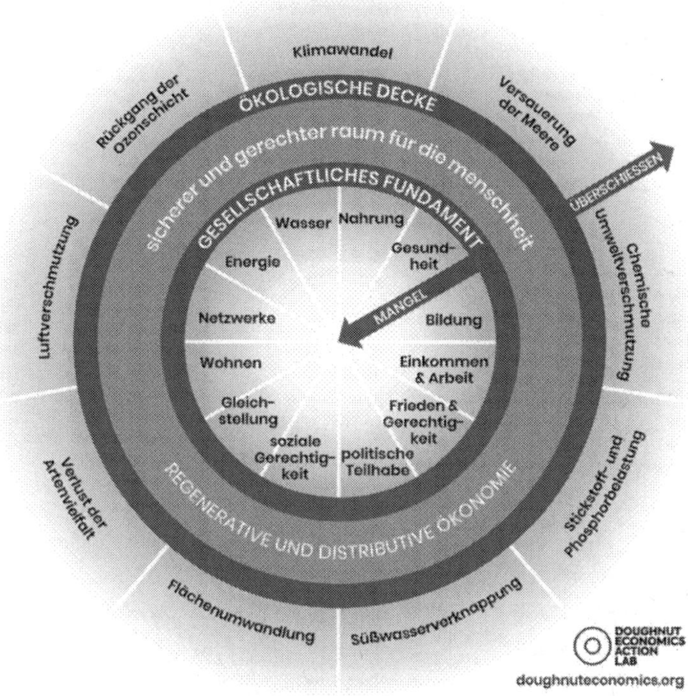

Der *Donut* von Kate Raworth

Dabei handelt es sich, vereinfacht gesagt, um zwei konzentrische Ringe. Außerhalb des äußeren Ringes – das entspricht der ökologischen Decke – liegen die gravierenden »planetaren Degradierungsprozesse«, ganz in Analogie zu dem Konzept der Wissenschaftsgruppe um Johan Rockström, also beispielsweise Klimawandel und Verlust der Biodiversität oder Verschmutzung mit Plastik als planetare Leitplanken. Zwischen den konzentrischen Kreisen befindet sich der sichere und gerechte Raum für alle Menschen. Der innere Ring repräsentiert das gesellschaftliche Fundament. Unter dieses Fundament darf kein Absturz in das Loch des *Donuts* erfolgen, was eine tiefgreifende Verarmung des Menschen an

Wasser, Nahrung, Gesundheit, Bildung, Einkommen und Arbeit, Frieden und Gerechtigkeit, politischer Teilhabe, sozialer Gerechtigkeit, Gleichstellung, Wohnen, Netzwerke und an Energie bedeuten würde. Ausgehend von dieser Metapher, formuliert Kate Raworth in ihrem Buch *Die Donut-Ökonomie* folgende Frage: »Wenn das Ziel der Menschheit im 21. Jahrhundert darin besteht, in das Innere des Donuts zu gelangen, welche ökonomische Denkhaltung eröffnet uns dann die besten Chancen, dies zu erreichen?« Sie beschreibt in ihrem Buch sieben Ansätze, wie ein Ökonom des 21. Jahrhunderts zu denken. Als Erstes müsse »das Ziel« verändert werden, wobei die Fixierung auf das Bruttoinlandsprodukt (BIP) aufgegeben werden solle. Statt stetigen Wachstums des BIP gehe es darum, »Wohlstand für alle im Rahmen der Mittel und Möglichkeiten unseres Planeten« zu erreichen, damit alle Menschen Zugang zum sicheren und gerechten Inneren des Donut erhalten. Als Zweites müsse das »Gesamtbild« erfasst werden. Die herkömmliche Wirtschaftslehre müsse mittels neuer Narrative über die Macht des Marktes, die Partnerschaft des Staates, die zentrale Rolle des Haushalts und die schöpferische Kraft der Gemeingüter ersetzt und erneuert werden. Die »eingebettete Ökonomie« ersetze dann die »traditionelle Darstellung des Wirtschaftskreislaufs«. Als dritter Punkt werden die Pflege und das Fördern der menschlichen Natur genannt. Das bisherige Bild des »Homo oeconomicus« werde ersetzt »durch ein Hologramm des Menschen [...], der sich im Licht beständig verändert«. Ein weiterer Ansatz, wie ein Ökonom des 21. Jahrhunderts zu denken, beinhaltet, die bekannten Angebots- und Nachfragekurven als überholtes Modell zu betrachten und stattdessen ein Verständnis für »systemisches Denken« zu erarbeiten und die Wirtschaft als komplexes System in ständiger Weiterentwicklung zu betrachten. Dabei sind Kate Raworth drei Charakteristika wichtig: eine »gesunde Hierarchie« in miteinander verflochtenen Systemen, die zum Gesamtwohl beitragen, »Selbstorganisation« und »Belastbarkeit« des Systems. Der fünfte Denkansatz beschäftigt sich mit »Verteilungsgerechtigkeit«. Die bisherige Lehre, dass wirtschaftliches Wachstum schließlich eine ökonomische Angleichung herbeiführe, müsse ersetzt werden. Stattdessen sollten sich die Ökonomen des 21. Jahrhunderts auf die Umverteilung von Einkommen und Reichtum konzentrieren.

Der sechste Ansatz oder Strategiepunkt von Kate Raworth zielt auf »Regeneration« ab. Hier schlägt sie die Etablierung des »Von-der-Wiege-zur-Wiege-Denkens« vor – mit anderen Worten meint sie hier das Cradle-to-Cradle-Konzept von Braungart und McDonough. Der letzte von Kate Raworth beschriebene Gedankenansatz behandelt das Thema Wachstum. Ökonomen der alten Schule betrachteten dauerhaftes Wirtschaftswachstum als unverzichtbar. Sie dagegen äußert, wir bräuchten eine Wirtschaft, die dem Menschen nutze, und dies unabhängig vom Wachstum. Aus diesem Grunde sei es notwendig, eine »agnostische Haltung« zum Wachstum einzunehmen. Kate Raworth versteht darunter den Aufbau einer Wirtschaftsordnung, die das menschliche Wohlergehen fördere, und das unabhängig davon, ob das BIP wachse, sinke oder stagniere.[112]

In ihrem Aufsatz *Eine neue Ökonomie* ruft Kate Raworth alle Wirtschaftsrebellinnen auf:

> »Die Zukunft der Menschheit hängt von euch ab. Ja, wirklich. Denn wenn wir die Wirtschaftseinstellung, die im Zentrum unserer Bildung, Politik, Geschäfte und öffentlichen Debatten steht, nicht verändern, haben wir tatsächlich kaum eine Chance, dass es uns in diesem Jahrhundert gutgeht.«

Die Aufgabe der Wirtschaftsrebellinnen sei es, »blühende, regenerative und distributive Volkswirtschaften zu schaffen, die den Bedürfnissen aller im Rahmen der lebenserhaltenden Systeme dieses einzigartigen lebendigen Planeten gerecht werden können«.[115]

Die Frage nach der Identität des Menschen, wer wir sein wollen oder wer wir sind, wird von Kate Raworth in dem oben genannten Artikel und in ihrem Buch addressiert. Unsere Identität wird auch von der Kanadierin und freien Journalistin Naomi Klein beleuchtet. In ihrem Aufsatz *Machen wir Halt: Der Kampf unseres Lebens* lesen wir:

> »Wir sind nicht dazu geboren, so versessen aufs Shoppen zu sein. Noch in unserer jüngsten Vergangenheit haben wir viel weniger gebraucht und waren genauso glücklich (in vielen Fällen sogar glücklicher). Das eigentliche Problem ist die übersteigerte Rolle, die der Konsum mittlerweile in unserer spezifischen Weltgegend spielt.«

Weiter im Text heißt es:

> »Wenn man den Menschen nun sagt, dass sie nicht so viel kaufen können, wie sie möchten, weil die Versorgungssysteme des Planeten überlastet sind, so kann dies als eine Art Angriff verstanden werden – so als sage man ihnen, sie dürften nicht länger sie selbst sein. Wahrscheinlich deshalb hat von den ursprünglichen ‚drei Rs' – reduzieren, wiederverwenden [engl.: reuse] und recyceln – nur das dritte ‚R' jemals wirklich gezogen. Schließlich gestattet es uns, weiter zu kaufen und zu kaufen, solange wir nur den Abfall in die richtige Tonne werfen. Die beiden anderen ‚Rs', die uns Konsumeinschränkungen abverlangen, waren dagegen im Grunde Totgeburten.«[116]

Ich stimme ihr zu.

Der *Donut* als Metapher – das gute Leben für jeden – erscheint mir erstrebenswert und könnte die sich gegenüberstehenden Betrachtungsweisen zum Thema Wachstum sanft vereinen. Wir brauchen also dringendst ein anderes Selbstbild, für uns, für die Zukunft, für unsere Mitmenschen auf anderen Kontinenten, über deren Verhältnisse wir ja zweifelsohne leben. Und deshalb brauchen wir den breit angelegten und öffentlich geführten, gesellschaftlichen Diskurs. Wann findet er statt? Wir haben einen langen Weg vor uns.

Anhang

1. Rezepte

Badputzmittel:
500 ml Wasser, 2 TL Handspülmittel und 2 EL Essigessenz in eine leere Sprühflasche geben, mischen. Geeignet für Dusche, Badewanne, Toilette und Waschbecken.

Waschmittel, flüssig:
23 g Kernseife raspeln, mit 3 EL Waschsoda vermischen, dann mit 2 Liter Wasser aufkochen und häufig umrühren, bis sich die Seife aufgelöst hat. Dabei dickt die Flüssigkeit stark ein; über Nacht stehen lassen und am nächsten Tag nochmals aufkochen. Eventuell muss noch mehr Wasser hinzugegeben werden. Davon dann 100 ml in das Waschmittelfach der Waschmaschine geben.

Waschmittel, Pulver:
150 g Waschsoda, 150 g Natron, 100 g geraspelte Kernseife vermischen, in trockenes und verschließbares Gefäß geben. Von diesem Pulver 1–2 EL pro Waschgang in das Fach geben oder direkt in die Wäschetrommel.

Weichspüler:
Essigessenz (25-prozentige Säure) im Verhältnis eins zu fünf verdünnen, sodass eine fünfprozentige Essiglösung entsteht. Davon ungefähr 20 bis 30 Milliliter in das Weichspülfach der Waschmaschine geben. Alternativ kann man auch weißen Essig nehmen. Nicht geeignet ist Obstessig.

Die Sorge, die Wäsche könnte nach Essig riechen, kann ich nicht bestätigen. Unsere Waschmaschine hat keinen Schaden genommen.

Handspülmittel:
20 g geraspelte Kernseife mit 500 ml Wasser übergießen und aufkochen. Rühren, bis sich die Seife gelöst hat, dann ungefähr 1 TL Natron hinzugeben. Die Mischung dann in eine bereits geleerte Spüliflasche füllen.

Zahnpasta:
3 TL Xylit (Birkenzucker) mit 3 EL Kokosöl und 1 TL Natron vermischen. Diese Paste in ein kleines verschließbares Glasgefäß füllen. Für den Frischegeschmack kann man noch Pfefferminzöl tropfenweise hinzugeben.

Backofen- und Ceranfeldreiniger:
Aus 2 EL Salz, 2 EL Natron (es geht auch Waschsoda) und etwas Essig wird mit etwas Wasser eine dickflüssige Paste angerührt, die dann auf dem Herd oder im Backofen verteilt wird. Je nach Verschmutzungsgrad muss dann noch nachgeschrubbt werden.
Alternativ kann man auch einen Tab für die Geschirrspülmaschine nehmen, in warmem Wasser auflösen und mit einem Schwämmchen oder einer Bürste die Verkrustungen lösen.

Rohrreiniger:
Um Rohre zu reinigen bzw. sie von unangenehmen Gerüchen zu befreien, gibt man 2 Tassen Essig in den Abfluss und fügt 2 EL Natron hinzu. Diese Mischung schäumt auf. Ein bis zwei Stunden lässt man dieses Gemisch einwirken und spült dann mit warmem Wasser gründlich nach.

2. Fifty ways to leave your waste

1. Gemüse ohne Verpackung kaufen
2. keine Müllbeutel mehr
3. Seifen statt Duschgel oder Flüssigseife in Plastikspendern
4. Tabs mit sich auflösender Folie verwenden
5. Putzmittel selber herstellen
6. auf Rasierschaum verzichten, stattdessen Seife nehmen
7. Pulverwaschmittel aus Karton statt Waschmittel aus Flasche
8. Essig als Weichspüler verwenden
9. Waschlappen statt Kosmetiktücher; Wegwerfreinigungstücher durch C2C-Papier ersetzen oder Baumwolllappen
10. Olivenöl statt Abschminktiegel
11. Stoffservietten statt Papierservietten
12. Weizenkeimöl statt Edelstahlreiniger
13. C2C-Toilettenpapier statt herkömmliches Wischpapier
14. Wasser, Salz, Natron, Essig statt Backofenspray
15. Zitronensäure als Pulver statt Entkalker in Plastik
16. Leitungswasser trinken statt Wasser aus Wegwerfpfandflaschen
17. Aufsprudler
18. Pfandglasflaschen statt Tetrapaks
19. Kaminofen mit Asche reinigen statt Kaminofenreinigerspray
20. Keine Internetbestellungen
21. Einkaufen mit Liste, was brauche ich wirklich?
22. Mehr selber kochen statt Fertiggerichte in Verpackung
23. »Keine Werbung«-Schild an Briefkasten
24. Luffa-Spülschwamm/Baumwolllappen statt Plastikvarianten/Einweglappen
25. Milch, Joghurt in Pfandgläsern kaufen
26. Zahnbürsten aus Holz
27. statt Einwegrasierer Rasierer aus Edelstahl einsetzen
28. Deo im Glas statt Deo in Aluminiumdose

29. Unverpackt-Laden frequentieren
30. Produkte auf dem Wochenmarkt kaufen
31. beim Kauf von Kosmetik die App CodeCheck verwenden wegen Mikroplastik
32. auf Frischhaltefolie in Gänze verzichten
33. unterwegs herumliegenden Müll einsammeln
34. Blumen ohne Plastikverpackung kaufen
35. warum nicht secondhand einkaufen?
36. Klarspüler durch Essig ersetzen
37. häufiger »Nein danke« sagen, beispielsweise zu Gratisgeschenken
38. Einfrieren in Stoff, Papier oder Glas statt Plastikbeutel
39. lieber Edelstahl oder Holz als Plastik, Beispiel Pfannenfreund
40. plastikfreie Kaugummis verwenden
41. kompostierbares Backpapier verwenden oder Backblech einfetten
42. eigene Behältnisse an die Käse/Fleisch-Verkaufstheke mitbringen
43. Stoffwindeln statt Wegwerfwindeln
44. eigenen Kompost verwenden statt Erde im Sack
45. Brotbox verwenden statt Verpacken in Alufolie
46. Geschenkverpackung aus Zeitung oder in schöne alte Gläser oder Geschirrhandtuch
47. Schnellhefter aus Pappe verwenden
48. Buntstifte ohne Lackierung außen verwenden
49. Tesafilm durch Klebeband aus Papier ersetzen
50. Recyclingpapier statt Frischfaserpapier

Anmerkungen

1 Schätzing, Frank (2021, 2. Auflage): Was, wenn wir einfach die Welt retten? Handeln in der Klimakrise, Kiepenheuer & Witsch, S. 223, S. 282–285, S. 289, S. 295–298.

2 Umweltbundesamt (2017): Fakten Meeresmüll deutsche Nord- und Ostsee [https://www.umweltbundesamt.de/sites/default/files/medien/2546/dokumente/uba_factsheet_meeresmuell.pdf].

3 Wilcox, Chris / Van Sebille, Eric / Hardesty, Britta Denise (2015): Threat of plastic pollution is global, pervasive, and increasing [https://doi.org/10.1073/pnas.1502108112].

4 Mani, Thomas et al. (2015): Microplastics profile along the Rhine River [https://www.nature.com/articles/srep17988].

5 Spiegel Gesundheit (2019): Wie gefährlich ist Mikroplastik in Trinkwasser? [https://www.spiegel.de/gesundheit/ernaehrung/mikroplastik-in-trinkwasser-wie-gefaehrlich-ist-das-who-legt-bericht-vor-a-1283051.html].

6 Video: Tagesschau (07.06.2018): 00:10:00 bis 00:11:52 [https://www.tagesschau.de/multimedia/sendung/ts-25957.html].

7 Greenpeace (2018): Ergebnisbericht: Mikroplastik und Chemikalien in der Antarktis [https://www.greenpeace.de/publikationen/s02221-greenpeace-studie-mikroplastik-antarktis-meere.pdf].

8 National Geographic (2018): Plastiktüte am tiefsten Punkt des Ozeans gefunden [https://www.nationalgeographic.de/planet-or-plastic/2018/05/plastiktuete-am-tiefsten-punkt-des-ozeans-gefunden].

9 Lebreton, Laurent et al. (2018): Evidence that the Great Pacific Garbage Patch is rapidly accumulating plastic. Scientific Reports 8, 4666 [https://doi.org/10.1038/s41598-018-22939-w].

10 Die Bundesregierung (2016): Plastiktüten ab Juli kostenpflichtig [https://www.bundesregierung.de/breg-de/service/archiv/alt-inhalte/plastiktueten-ab-juli-kostenpflichtig-474674].

11 Zeit Online (2021): Müllfänger fischt 29 Tonnen Plastikmüll aus dem Pazifik [https://www.zeit.de/wissen/umwelt/2021-10/the-ocean-cleanup-plastikmuell-fang-pazifik-testphase].

12 Peng, Yiming et al. (2021): Plastic waste release caused by COVID-19 and its fate in the global ocean. Proc Natl Acad Sci,118(47) [doi: 10.1073/pnas.2111530118].

13 Statista (2023): Anzahl der Haustiere in privaten Haushalten in den Jahren 2007 bis 2022 [https://de.statista.com/statistik/daten/studie/156836/umfrage/anzahl-der-haushalte-mit-haustieren-in-deutschland-2010/].

14 National Geographic (o.D.): 10 erschreckende Fakten über Plastik [https://www.nationalgeographic.de/10-erschreckende-fakten-uber-plastik].

15 Umweltbundesamt (2022): Aufkommen und Verwertung von Verpackungsabfällen in Deutschland im Jahr 2020, Abschlussbericht [https://www.umweltbundesamt.de/sites/default/files/medien/1410/publikationen/2022-09-29_texte_109-2022_aufkommen-verwertung-verpackungsabfaelle-2020-d.pdf], S. 21, S. 48–49, S. 52.

16 Gardiner, Beth (2019): The Plastic Pipeline: A Surge of New Production is on the Way. Yale Environment 360 [https://e360.yale.edu/features/the-plastics-pipeline-a-surge-of-new-production-is-on-the-way].

17 Heinrich-Böll-Stiftung und BUND (2019): Plastikatlas. Daten und Fakten über eine Welt voller Kunststoff, 1. Auflage [www.bund.net/plastikatlas], S. 6, S. 9, S. 31, S. 37.

18 McKinsey & Company (2018): Alarmierende Zahlen: 2030 wird es weltweit 80 Prozent mehr Plastikmüll geben als heute [https://www.mckinsey.de/news/presse/2018-12-19-plastikmuell].

19 Unken, Marlies (2018): Die Weltmüllkippe schließt, Zeit Online [https://www.zeit.de/wirtschaft/2018-01/muellexporte-china-plastikmuell-recycling].

20 Video: Weltspiegel (18.08.2019): Malaysia: Müllhalde für deutschen Plastikmüll [https://www.daserste.de/information/politik-weltgeschehen/weltspiegel/videos/malaysia-video-100.html] 00.05:54 bis 00.06.05.

[21] Video: Weltspiegel (19.05.2029): Türkei: Deutsche Plastikmüll-Exporte [https://www.daserste.de/information/politik-weltgeschehen/weltspiegel/videos/tuerkei-deutsche-plastikmuell-exporte-video-100.html] 00:01:00 bis 00:01:08.

[22] Video: Funk, Y-Kollektiv (2019): Recycling-Mythen und illegale Plastik-Exporte, was ist dran? [https://www.funk.net/channel/ykollektiv-1059/recyclingmythen-und-illegale-plastikexporte-was-ist-dran-1625345].

[23] Spiegel Wirtschaft (2019): Philippinen schicken mehr als 1300 Tonnen Abfall nach Kanada zurück [https://www.spiegel.de/wirtschaft/philippinen-schicken-mehr-als-1300-tonnen-muell-nach-kanada-zurueck-a-1270125.html].

[24] von Blazekovic, Jessica (2019): Indonesien schickt tonnenweise deutschen Müll zurück, Frankfurter Allgemeine [https://www.faz.net/aktuell/wirtschaft/indonesien-schickt-deutschland-tonnenweise-muell-zurueck-16268553.html].

[25] Tabuchi, Hiroko / Corkery, Michael / Mureithi, Carlos (2020): Big Oil Is in Trouble. Its Plan: Flood Africa with Plastic, New York Times, 31. August [https://www.nytimes.com/2020/08/30/climate/oil-kenya-africa-plastics-trade.html].

[26] Howard, Emma (2020): Oil-backed trade group is lobbying the Trump administration to push plastics across Africa, Unearthed, 30. August [http://unearthed.greenpeace.org/2020/08/30/plastic-waste-africa-oil-kenya-us-trade-deal-trump/].

[27] Billig, Michael (2019): Schwarz. Rot. Müll. Die schmutzigen Deals der deutschen Müllmafia, Verlag Herder GmbH, S. 11–12, S. 226.

[28] Müllparadies Brandenburg [http://www.muellparadies.de].

[29] Müllrausch – Recherchen im Dreck [https://muellrausch.de].

[30] Audio: Bronska, Justyna (2020): Polen wird zur Müllhalde Europas, Deutschlandfunk 23.09.2020 [https://www.deutschlandfunk.de/abfallexporte-polen-wird-zur-muellhalde-europas-100.html].

[31] Video: 3sat (2022): Gefährlicher Müll – verborgene Deponien der Gemeinden [https://www.3sat.de/wissen/wissenschaftsdoku/220303-sendung-wido-100.html].

32 Nace, Trevor (2027): We're now at a million plastic bottles per minute – 91% of which are not recycled, Forbes [https://www.forbes.com/sites/trevornace/2017/07/26/million-plastic-bottles-minute-91-not-recycled/?sh=1efd9ad292cc].

33 Bednarz, Christina (2018): Greenpeace-Report: Plastik aus Industrieländern vermüllt Malaysia, Greenpeace [https://www.greenpeace.de/engagieren/nachhaltiger-leben/weg-muell].

34 Spiegel (2019): Deutsches Recyclingsystem versagt beim Plastikmüll [https://www.spiegel.de/wissenschaft/technik/plastikmuell-deutschland-recycelt-nur-5-6-prozent-des-abfalls-a-1248715.html].

35 manager magazin (2019): Plastikabfall-Export – das sind die größten Müllschleudern [https://www.manager-magazin.de/lifestyle/artikel/plastik-diese-laender-sind-die-groessten-exporteure-von-plastikmuell-a-1272272.html].

36 ITU (2021): Global E-waste Monitor 2020 [https://www.itu.int/en/ITU-D/Environment/Pages/Spotlight/Global-Ewaste-Monitor-2020.aspx].

37 Verbraucherzentrale Nordrhein-Westfalen (2021): Rohstoffabbau schadet Umwelt und Menschen [https://www.verbraucherzentrale.nrw/wissen/umwelt-haushalt/nachhaltigkeit/rohstoffabbau-schadet-umwelt-und-menschen-11537].

38 Europäisches Parlament (2020): Elektro- und Elektronikschrott in der EU: Zahlen und Fakten (Infografik) [https://www.europarl.europa.eu/news/de/headlines/society/20201208STO93325/elektroschrott-in-der-eu-zahlen-und-fakten-infografik].

39 Greenpeace Presseportal (2019): Altgeräte aus Europa illegal nach Afrika und Asien verschifft [https://presseportal.greenpeace.de/204920-altgerate-aus-europa-illegal-nach-afrika-und-asien-verschifft].

40 Herzog, Gaby (2011): Die Kinder von Toxic City, Frankfurter Rundschau [https://www.fr.de/politik/kinder-toxic-city-11366323.html].

41 Kinofilm: Florian Weigensamer und Christian Krönes: Welcome to Sodom. Dein Smartphone ist schon hier, Österreich, Blackbox Film & Medienproduktion GmbH, 2018.

42 Hedemann, Philipp (2019): Anstoß auf dem Schrottplatz, in: akzente 2/19, S. 18–21 [https://akzente.giz.de/sites/default/files/downloads/giz2019-de-akzente-2-abfall.pdf].

43 Statista Research Department (2023): Anzahl der Satelliten im All nach Ländern im Jahr 2023 [https://de.statista.com/statistik/daten/studie/36582/umfrage/anzahl-der-satelliten-im-all-verteilt-nach-laendern/].

44 ESA (2020): Aufräumen im All [https://www.esa.int/Space_in_Member_States/Germany/Aufraeumen_im_All].

45 Paul, Günter (2009): Einige Trümmer mehr, Frankfurter Allgemeine Zeitung [https://www.faz.net/aktuell/wissen/weltraum/zusammenstoss-im-all-einige-truemmer-mehr-1771506.html].

46 Weiß, Marlene (2021): Trümmerteile eines russischen Satelliten gefährden die ISS, Süddeutsche Zeitung [https://www.sueddeutsche.de/wissen/raumfahrt-iss-evakuierung-russland-1.5465811].

47 Urban, Karl (2016): Satelliten sind in Gefahr, Tagesspiegel [https://www.tagesspiegel.de/wissen/satelliten-sind-in-gefahr-4494610.html].

48 ESA (o.D.): Protecting our Pale Blue Dot [https://www.esa.int/Space_Safety/Protecting_our_Pale_Blue_Dot].

49 ESA (2020): Earth's first space debris removal mission [http://www.esa.int/ESA_Multimedia/Videos/2020/11/Earth_s_first_space_debris_removal_mission/].

50 Nicoll, Norbert (2016): Adieu, Wachstum! Das Ende einer Erfolgsgeschichte, Tectum Verlag, S. 125, S. 133, S. 402–403, S. 409.

51 Ratzesberger, Pia (2020): Plastik. 100 Seiten, Sonderausgabe für die Bundeszentrale für politische Bildung, S. 100.

52 Johnson, Bea (2016): Glücklich leben ohne Müll, Verlag Ludwig, S. 311.

53 #Zerowasteart [https://zerowasteart.de].

54 Bertling, Jürgen / Bertling, Ralf / Hamann, Leandra (2018): Kunststoffe in der Umwelt: Mikro- und Makroplastik, Fraunhofer-Institut [https://www.researchgate.net/publication/325989261_Kunststoffe_in_der_Umwelt_Mikro-_und_Makroplastik/link/5b321cb80f7e9b0df5cbe9db/download], [DOI: 10.24406/UMSICHT-N-497117], S. 10, S. 55.

55 Klima Sparbuch Leipzig, 2019, Herausgeber Stadt Leipzig und oekom e. V., oekom verlag.

56 Das Klimasparbuch [https://www.oekom.de/home/c-435].

57 foodwatch.org (2022): Plastikflut im Gemüseregal [https://www.foodwatch.org/de/plastikflut-im-gemueseregal].

58 Naturschutzbund Deutschland, NABU (2020): Vorverpackungen bei Obst und Gemüse, Zahlen und Fakten 2019, Aktualisierte Auflage 2020 [https://www.nabu.de/imperia/md/content/nabude/konsumressourcenmuell/201027-nabu-studie-vorverpackungen.pdf].

59 Flatley, Annika (2023): Unverpackt-Läden: Einkaufen ohne Verpackung – vollständige Liste und Karte, utopia.de [https://utopia.de/ratgeber/unverpackt-laden-verpackungsfreier-supermarkt/].

60 Rewe (o. D.): Natürlich unverpackt: Ist Verpackungsmüll #UMDENKBAR? [https://www.rewe.de/nachhaltigkeit/unsere-ziele/projekte/unverpackt/].

61 Verbraucherzentrale Hamburg (2019): Plastikflut bei Obst und Gemüse [https://www.vzhh.de/themen/umwelt-nachhaltigkeit/muell-verpackungen/plastikflut-bei-obst-gemuese].

62 kiel.de (o. D.): Zero Waste City Kiel [https://www.kiel.de/de/umwelt_verkehr/zerowaste/index.php].

63 zwia.org (2018): Zero Waste Definition [https://zwia.org/zero-waste-definition/].

64 Klaus, Verena (2020): Zero Waste – so geht's: Einkaufen, putzen, unterwegs sein – alles ohne Müll, Bastei Lübbe, S. 21, S. 190–191.

65 Tolga, Selim (2021, 1. Auflage): Minimalismus leben für Dummies, Wiley-VCH Verlag.

66 Küstenmacher, Werner Tiki (2016, 17. Auflage): Simplify your life. Einfacher und glücklicher leben, Campus Verlag.

67 Kondo, Marie (2018, 35. Auflage): Magic cleaning. Wie richtiges Aufräumen Ihr Leben verändert, Rowohlt Taschenbuch Verlag.

68 Sasaki, Fumio (2018, 4. Auflage): Das kann doch weg! Das befreiende Gefühl, mit weniger zu leben, Integral Verlag, S. 135, S. 200.

69 Fields Millburn, Joshua / Nicodemus, Ryan (2018, 1. Auflage): Minimalismus – Der neue Leicht-Sinn, Gräfe und Unzer Verlag, S. 32.

70 wissenschaft.de (2010): Wie viel Öl steckt in Plastiktüten? [https://www.wissenschaft.de/erde-umwelt/wie-viel-oel-steckt-in-plastiktueten/].

71 Wintermantel, Benita (2022): Teelichter schaden der Umwelt: Das sind bessere Alternativen, Ökotest.de [https://www.oekotest.de/bauen-wohnen/Teelichter-schaden-der-Umwelt-Das-sind-bessere-Alternativen_11579_1.html].

72 Verbraucherzentrale NRW (2022): Schadstoff in Spülmaschinen-Tabs [https://www.verbraucherzentrale.nrw/wissen/projekt-schadstoffberatung/schadstoffberatung-waschen-putzen-reinigen/schadstoff-in-spuelmaschinentabs-50075].

73 Umweltbundesamt (2022): Glas und Altglas [https://www.umweltbundesamt.de/daten/ressourcen-abfall/verwertung-entsorgung-ausgewaehlter-abfallarten/glas-altglas#massenprodukt-glas].

74 Glimbovski, Milena (2017, 1. Auflage): Ohne Wenn und Abfall. Wie ich dem Verpackungswahn entkam, Verlag Kiepenheuer & Witsch.

75 Thieme, Thomas (2020): Werbung: Diese Marken und Branchen geben am meisten Geld aus [https://www.absatzwirtschaft.de/die-konzerne-und-branchen-mit-den-hoechsten-werbeausgaben-224965/].

76 Müller, Benedikt (2017): Wofür die Deutschen ihr Geld ausgeben [https://www.sueddeutsche.de/wirtschaft/konsum-wofuer-die-deutschen-ihr-geld-ausgeben-1.3417202].

77 Emmott, Stephen (2013, 3. Auflage): Zehn Milliarden, Suhrkamp Verlag Berlin, S. 172.

78 Emmott, Stephen (2020, erweiterte Neuausgabe): Zehn Milliarden: Das Ausmaß der Klimakrise, 2020, Suhrkamp Verlag Berlin, Vorwort.

79 Umweltbundesamt (2020): Earth Overshoot Day 2020: Ressourcenbudget verbraucht [https://www.umweltbundesamt.de/themen/earth-overshoot-day-2020-ressourcenbudget].

80 overshootday.org (2023): This year's overshoot day fell on August 2 [https://overshoot.footprintnetwork.org].

81 Umweltbundesamt (2022): Erdüberlastungstag: Ressourcen für 2022 verbraucht [https://www.umweltbundesamt.de/themen/erdueberlastungstag-ressourcen-fuer-2022-verbraucht].

82 Paech, Niko (2009): Grundzüge einer Postwachstumsökonomie [http://www.postwachstumsoekonomie.de/material/grundzuege/].

83 Paech, Niko (2017): Postwachstumsökonomik. Wachstumskritische Alternativen zu Karl Marx, in: Aus Politik und Zeitgeschichte »Das Kapital«, 2017, 67. Jahrgang, 19–20, S. 41–46 [https://www.bpb.de/shop/zeitschriften/apuz/247643/das-kapital/], S. 44.

84 Santarius, Tilman (2013): Der Rebound-Effekt: Die Illusion des grünen Wachstums, in: Mehr geht nicht! Der Postwachstums-reader, 2015, Blätter für deutsche und internationale Politik, S. 167–174, Blätter Verlagsgesellschaft mbH, S. 167, S. 174.

85 Herrmann, Ulrike (2022, 3. Auflage): Das Ende des Kapitalismus. Warum Wachstum und Klimaschutz nicht vereinbar sind – und wie wir in der Zukunft leben werden, Kiepenheuer & Witsch, S. 111, S. 193–194.

86 Paech, Niko (2018, 10. Auflage): Befreiung vom Überfluss. Auf dem Weg in die Postwachstumsökonomie, oekom verlag München, S. 72, S. 110–112.

87 Folkers, Manfred / Paech, Niko (2020, 2. Auflage): All you need is less. Eine Kultur des Genug aus ökonomischer und buddhistischer Sicht, oekom verlag München, S. 123, S. 142, S. 183, S. 203–204, S. 210, S. 214.

88 Sahling, Bettina (2022): 10 Jahre »Befreiung vom Überfluss« – Niko Paech im Gespräch [https://www.newslichter.de/2022/05/10-jahre-befreiung-vom-ueberfluss-niko-paech-im-gespraech/]. 00:10:02 bis 00:10:46.

89 Göpel, Maja (2020): Unsere Welt neu denken. Eine Einladung, Sonderausgabe für die Bundeszentrale für politische Bildung, Ullstein Buchverlage, S. 89, S. 104, S. 125–128, S. 161.

90 Jackson, Tim (2011, 3. Auflage): Wohlstand ohne Wachstum. Leben und Wirtschaften in einer endlichen Welt, oekom verlag München, S. 80, S. 158, S. 177–187.

91 Lessenich, Stephan (2017, 4. Auflage): Neben uns die Sintflut. Die Externalisierungsgesellschaft und ihr Preis, Hanser Berlin im Carl Hanser Verlag, S. 17, S. 43, S. 64, S. 83–95, S. 99, S. 111–114, S. 119–120.

92 Witt, Olga (2018): Essay »Zero Waste. (K)ein Ding der Unmöglichkeit?«. In: Aus Politik und Zeitgeschichte, Müll, 49–50, S. 42–46, S. 46.

93 Kemfert, Claudia (2020): Mondays for Future, Murmann Verlag, S. 63, S. 165, S. 174.

94 Fücks, Ralf (2013): Öko-Biedermeier vs. Ökologische Moderne: Die grüne Revolution, in: »Mehr geht nicht! Der Postwachstums-Reader«, 2015, S. 143–151, Blätter für deutsche und internationale Politik, Blätter Verlagsgesellschaft, S. 144, S. 147.

95 Europäische Kommission (o. D.): Europäischer Grüner Deal [https://commission.europa.eu/strategy-and-policy/priorities-2019-2024/european-green-deal_de].

96 Europäische Kommission (2020): Aktionsplan für die Kreislaufwirtschaft. Der europäische Grüne Deal [doi:10.2775/681268].

97 Braungart, Michael / McDonough, William (2015, 3. Auflage): Cradle to Cradle. Einfach intelligent produzieren, Piper Verlag, S. 136–137.

98 Audio: Rejell Podcast, Eckert, Alexander / Freier, Matthias (2019): Michael Braungart: Cradle To Cradle – Eine neue industrielle Revolution [https://getpodcast.com/podcast/rejell-moving-voices/michael-braungart-cradle-to-cradle-eine-neue-industrielle-revolution_c3b9c7c087].

99 Audio: Scientists for Future Podcast (2023): Folge #27 – Cradle to Cradle [https://www.wissenschaftspodcasts.de/podcasts/scientists-for-future-podcast/folge-27-cradle-to-cradle_7951558/]. 00:06:18 bis 00:06:56, 00:16:11 bis 00:16:14, 01:01:20 bis 01:01:34, 01:03:37 bis 01:03:43.

100 Umweltbundesamt (2022): Recycling-Toilettenpapier und -Taschentücher schonen die Umwelt [https://www.umweltbundesamt.de/umwelttipps-fuer-den-alltag/haushalt-wohnen/papiertaschentuecher-hygienepapiere#unsere-tipps].

101 Bayern 1 (2017): Zerstört unser Klopapier den Regenwald? [https://www.br.de/radio/bayern1/inhalt/experten-tipps/umweltkommissar/klopapier-umweltkommissar-100.html].

102 Cradle to Cradle NGO (2013): Produkt-Tipp: C2C Toilettenpapier [https://c2c.ngo/produkt-tipp-c2c-toilettenpapier/].

103 Vollholzhaus [https://www.vollholzhaus.com].

104 Stadtverwaltung Venlo [https://c2cvenlo.nl/de/stadtverwaltung-venlo/].

105 EPEA GmbH (2023): Referenzen [https://epea.com/referenzen].

106 Horx, Michael (2020, 2. Auflage): 15 ½ Regeln für die Zukunft. Anleitung zum visionären Leben, Ullstein Buchverlage, S. 11, S. 79.

107 Steuer, Stephan (2022): Ein gutes Leben für alle, in: BUNDmagazin, 01/22, S.12.

108 Acosta, Alberto (2013): Vom guten Leben. Der Ausweg aus der Entwicklungsideologie, in: »Mehr geht nicht! Der Postwachstums-Reader«, 2015, S. 191–197, Blätter für deutsche und internationale Politik, Blätter Verlagsgesellschaft, S. 194–195, S. 197.

109 Acosta, Alberto (2015): Buen vivir. Vom Recht auf ein gutes Leben, oekom verlag München.

110 Tallig, Jürgen (2018): Earth first: Der Preis des Lebens, in: Blätter für deutsche und internationale Politik, 2018, 10/18, S. 67–76, G 1800 E, S. 73.

111 Bonner, Stefan / Weiss, Anne (2019, überarbeitete Ausgabe): Generation Weltuntergang. Warum wir schon mitten im Klimawandel stecken, wie schlimm es wird und was wir jetzt tun müssen, Droemer Verlag, S. 245.

112 Raworth, Kate (2018, 1. Auflage): Die Donut-Ökonomie. Endlich ein Wirtschaftsmodell, das den Planeten nicht zerstört, Carl Hanser Verlag, S. 19, S. 20, S. 45–46, S. 81, S. 92, S. 114, S. 117, S. 157, S. 159, S. 194, S. 199, S. 248–249, S. 266, S. 293, S. 344.

113 Rockström, Johan et al. (2009): Planetary boundaries: exploring the safe operating space for humanity. Ecology and Society 14(2): 32 [http://www. ecologyandsociety.org/vol14/iss2/art32/].

114 Persson, Linn et al. (2022): Outside the safe operating space of the planetary boundary for novel entities, Environ. Sci. Technol. 56, 1510–1521 [https://pubs.acs.org/doi/pdf/10.1021/acs.est.1c04158].

115 Raworth, Kate (2019): Eine neue Ökonomie, in: »Wann wenn nicht wir*. Ein extinction rebellion Handbuch«, S. 194–202, Fischer Verlag GmbH, S. 194, S. 202.

116 Klein, Naomi (2014): Machen wir Halt: Der Kampf unseres Lebens, in: »Mehr geht nicht! Der Postwachstums-Reader«, 2015, S. 19–24, Blätter für deutsche und internationale Politik, Blätter Verlagsgesellschaft mbH, S. 21.

Über die Autorin

Heike Knüpfer ist promovierte Biologin
und hat mehr als 15 Jahre in
medizinischer Forschung und Lehre gearbeitet.
Danach lehrte sie als freie Dozentin an der Universität Leipzig
zum gesellschaftlich relevanten Thema Inklusion.
Seit einigen Jahren beschäftigt sie sich privat mit dem
Thema Plastikmüll.